Susanne Berg

101 SACHEN MACHEN

Alles, was Du in & um NÜRNBERG erlebt haben musst

J. BERG

Inhalt

NATUR, KÖRPER UND GEIST

ALTES HANDWERK UND GESCHICHTE

KRÄUTER, KÜCHE, KULINARIK

KREATIVES

NACHHALTIGES UND ZUKUNFTSTRÄCHTIGES

HINTER DEN KULISSEN

ERKLÄRUNG DER MENSCHENRECHTE VEREINTE

Vorwort

Zu einem der meistfotografierten Plätze in Nürnberg entwickelt hat sich die Straße der Menschenrechte mit ihren 27 Säulen, auf denen je ein Auszug aus den 30 Artikeln der Allgemeinen Erklärung der Menschenrechte zu lesen ist. Damit steht die Skulptur des israelischen Künstlers Dani Karavan von 1993 auch für Nürnbergs neue Rolle als Stadt der Menschenrechte. Die alten Handwerkstraditionen aus Nürnbergs Blütezeit, der Renaissance, mit ihrem weltweiten Austausch in Handel, Kunst und Wissenschaft sind noch heute z. B. beim letzten Drechslermeister Frank Grottenthaler oder dem Schembarttanz mit seiner uralten Faschingstradition zu finden. Spaß machen zudem das originelle Eselrennen in Hersbruck, Vorstellungen im Zauberturm oder die neue Sportart Skiken. Genuss bieten u. a. ein solides Whiskyseminar oder der Gasthof Alt mit sagenumwobenem »Schäufele«. Ansbach lädt zum rauschenden Rokokofest, oder man lässt sich in Nürnberg von den stilechten Revuen der 1920er- bis 1940er-Jahre in der Roten Bühne entzücken. Erholen kann man sich dann auf dem 800-Höhenmeter-Rundwanderweg im Nürnberger Land.

Dass sich die um den Titel »Kulturhauptstadt 2025« bewerbende Metropole Nürnberg aufgemacht hat, die Zukunft mitzubestimmen, zeigen u. a. die 2020 geplante Eröffnung des Zukunftsmuseums oder das Nürnberg Digital Festival, das sich zu einem deutschlandweit beachteten Treff der Branche entwickelt hat. Die Menschen in Nürnberg und Fürth jedenfalls bescheinigen den Städten wiederholt eine hohe Lebensqualität, wie die letzte Befragung 2018/2019 des Amtes für Stadtforschung und Statistik ergeben hat.

Lauf, Januar 2020

Kleine große Kunst

BESUCH IM THEATER ROTE BÜHNE

Versteckt im Hinterhof im Stadtteil St. Peter überrascht das Nürnberger Kleinkunsttheater rote Bühne. Programme mit »künstlerisch-ästhetischem Schwerpunkt der 1920er- bis 1940er-Jahre« erwarten die Gäste: Jazzmusik, Kabarett, Stepptanz und Comedy sowie Revuen, die den historischen Hintergrund mit Tanz und Musik jener Zeit verbinden.

Es glitzert, funkelt, raschelt und vor allem: es knistert. Denn auch mit seiner stilvollen Burlesque-Show sorgt das Theater rote Bühne seit vielen Jahren für Furore und holte diesen Trend nach Deutschland. Leiterin Julia Kempken gründete das Theater 2006. Ihr Ziel war ein Kleinkunsttheater mit hohem Niveau und professionellen Künstlern, das es so in Nürnberg noch nicht gab. »Ich habe immer die Kunst der 1920er-, 1930er-Jahre verehrt, die Jazzmusik, trage gern Korsagen auf der Bühne und liebe den Glamour der alten Hollywoodstars. So habe ich meine Programme meist in diese Zeit platziert. Da hat der wiederentdeckte Burlesque-Tanz wunderbar hineingepasst.« Der Name rote Bühne ergab sich aus dem Interieur der bereits vorhandenen Tanzschule mit roten Wänden, rotem Teppich und roten Vorhängen.

Mit der »Blechtänzerin« schrieb Julia Kempken zusammen mit Christian Schidlowsky, dem Gründer des Theaters Pfütze, ein Stück für die rote Bühne: ein Mini-Musical mit Live-Band, das im Nürnberg von 1932, im Theaterkeller der Bing-Spielwarenwerke (in den 1920er-Jahren der größte Blechspielzeughersteller der Welt), spielt. Auch für das neueste Stück »Das Cabinet des Dr. Schmidt« hat Julia Kempken tief in den historischen Unterlagen ihrer Mutter, einer Stadtführerin, gestöbert. Übrigens: Es beheimatete das Gebäude selbst einst die berühmten Bing-Spielwarenwerke.

LAGE: Vordere Cramergasse 11/RG, 90478 Nürnberg
www.rote-buehne.de
Haltestellen: Cramergasse (Bus 43, 44), Dürrenhof (S1, S2)

Galaktische Erlebnisse

NICOLAUS-COPERNICUS-PLANETARIUM

Wie entstand das Universum? Gibt es Dunkle Materie? Wie beeinflusst die Sonne unser Leben? Diese Fragen gehören wohl zu den schwierigsten, die wir Menschen uns stellen.

Dafür ist der Besuch eines Planetariums genau das Richtige. Großes Kino, Wissenschaft und Kultur, all das vereint ein Besuch im Nicolaus-Copernicus-Planetarium Nürnberg. Die vielfältigen Themenshows bieten in besonderer Weise Gemeinschaftserlebnisse, bei denen Kinder, Jugendliche und Erwachsene gleichermaßen etwas davon haben. So ist z. B. die Show zur Frage »Gibt es Leben außerhalb unseres Sonnensystems?« ab einem Alter von 10 Jahren generationsübergreifend gestaltet. Ebenso die Show »Der Sprung ins All«, die die Stationen der unbemannten und bemannten Raumfahrt nacherleben lässt.

Beginnen kann man sogar mit den Kleinen: Allein 17 Themenshows für Kinder ab 4–5 Jahren und fast aller weiteren Altersstufen sind im Programm. Die Show »Peterchens Mondfahrt« nach dem bekannten Märchen bringt die Kleinen auf bezaubernde Weise in ersten Kontakt mit Themen der Astronomie. Das Universum der Band Queen mit ihrem charismatischen Sänger Freddy Mercury oder die Musik von Pink Floyd lassen sich in zusätzlichen Kulturshows für Erwachsene erleben. Mit 18 Metern Durchmesser ist das 1927 eröffnete Planetarium das einzige Großplanetarium in Bayern. Seine Kuppelform erinnerte die Nazis an eine Synagoge, deshalb wurde es bereits 1934 durch Julius Streicher abgerissen. 1961 eröffnete man es an neuer Stelle wieder. Im Zentrum des Kuppelsaals hat immer noch der beeindruckende Zeiss-Planetariumsprojektor seinen Platz. Seit 2010 wird er durch eine moderne digitale Fulldome-Projektionsanlage ergänzt, die im Herbst 2019 neue Projektoren erhielt.

LAGE: Am Plärrer 41, 90429 Nürnberg
www.planetarium.nuernberg.de
Haltestelle: Plärrer (U1/U2/U3, Straßenbahn 4 oder 6, Bus 34 oder 36)

Design mit Schwung

NEUES MUSEUM NÜRNBERG

Versteckt zwischen Handwerkerhof im alten Stadtgemäuer und historischer St.-Klara-Kirche, zeigt das Neue Museum (Staatliches Museum für Kunst und Design Nürnberg NMN) am Klarissenplatz zeitgenössische Kunst und Design. Hinter der großzügigen Glasfassade mit Schwung, Wendeltreppe und Einblicken in einzelne Räume werden auf über 3000 Quadratmetern Fläche Kunst und Design ab den 1950er-Jahren bis zur Gegenwart präsentiert. Bilder, Skulpturen, Fotografien, Installationen und mehr lassen die moderne internationale Kunst- und Designgeschichte nachvollziehen. Schwerpunkte der Sammlung sind osteuropäische Kunst, internationale Werke der geometrischen Abstraktion, konkrete Kunst, Werke der Kunstrichtung des Fluxus sowie Installationen.

Entworfen hat das Museum, das 2020 sein 20-jähriges Jubiläum begeht, der Berliner Architekt Volker Staab. Grundstock der Kunstsammlung ist die seit 1967 zusammengetragene internationale zeitgenössische Kunst der Stadt Nürnberg. Private Stiftungen, Leihgaben und viele neu erworbene Kunstwerke erweiterten den Bestand. Dabei bekommt das Publikum stets Neues präsentiert. Künstlerinnen und Designer entwickeln z. B. eigene Rauminstallationen. Ausnahme ist der größte Sammlungsraum – dort ist eines der umfangreichsten Werk-Ensembles von Gerhard Richter in einer Dauerausstellung zu sehen, ermöglicht durch Dauerleihgaben einer Privatsammlung. Auch Foyer, Fassadenräume und Museumsvorplatz werden genutzt: Der Kunstbrunnen von Jeppe Hein auf dem Museumsvorplatz kam so gut bei der Bevölkerung an – vor allem bei den Kleinsten –, dass das Museum ihn 2014 auch mit Hilfe von Spenden aus der Bevölkerung ankaufte. Zusätzlich lädt seit 2004 der Skulpturengarten im Zwinger zwischen Stern- und Frauentormauer zum Besuch ein.

LAGE: Klarissenplatz, 90402 Nürnberg
www.nmn.de
Haltestelle: Hauptbahnhof (U-Bahn-, Bus-, Straßenbahn-Anschluss)

Kunst und Gespräch

GALERIE RÖVER

»Ein Ginkgo-Blatt kostet einen Cent, und zwei kosten drei Cent«, erklärt Sabine Röver verschmitzt die aktuelle Spendenaktion ihrer Galerie. »Kritik, Ironie und Humor« leiten die studierte Soziologin und ihren Mann Otto Röver, einen Ingenieur, bei der Auswahl der Kunst. Sie konzentrieren sich auf Zeitgenössisches von bekannten, aber auch von jungen Künstlerinnen und Künstlern mit Blick auf gesellschaftlich relevante Themen. Seit 1989 führen Sabine und Otto Röver die Galerie im Stadtteil St. Johannis, die ursprünglich die Tochter eröffnete. Schon die Großeltern pflegten in den 1940er-Jahren Kontakte zur Düsseldorfer und zur fränkischen Kunstszene. Die Galerie direkt an der Pegnitz hat laut *Nürnberger Nachrichten* »den vielleicht schönsten Garten von Nürnberg« – diesen nutzen die Galeristen auch für Begegnungen und Gespräche mit der Nachbarschaft.

LAGE: Großweidenmühlstr. 19, 90419 Nürnberg
www.galerie-röver.de
Haltestellen: Großweidenmühlstraße (Bus 34), Hallerstraße (Straßenbahn 6)

Tanz auf der Pegnitz

FEIERN AUF DER MISSISSIPPI QUEEN

»Mein Schiff, meine Feier, mein Erlebnis« – so wirbt der Veranstaltungsort für sich. Egal ob Krimi- oder Zauberdinner, Motto-Partys mit Musik von Depeche Mode über Hip-Hop bis zum Theaterball der roten Bühne Nürnberg im Stil der 1920er- bis 1950er-Jahre: Platz für romantische Träume ist auf diesem rot-weißen Schiff Mississippi Queen allemal. Die Umgebung mit ihren Industriegebäuden ist eher herb. Dafür ist der ehemalige Raddampfer auf der Donau innen ein Event-Schiff der besonderen Art: Die Bordküche versorgt sämtliche Feiern mit feiner Gastronomie, an der Captains Bar im Mitteldeck werden klassische Cocktails gemixt, die Sonnenstunden können auf dem Außendeck genossen werden. Im Unterdeck befindet sich der Queens Club mit der richtigen Stimmung für sämtliche Tanzveranstaltungen. Auch für Hochzeiten, Firmen- oder Familienfeiern können das Schiff oder einzelne Decks angemietet werden; mit Platz für bis zu 500 Menschen.

LAGE: Donaustr. 40, 90451 Nürnberg-Maiach
www.mississippiqueen.de
Haltestellen: Rotterdamer Straße (Bus 67), Eibach (S2)

Beschützte Kunst

HISTORISCHER KUNSTBUNKER

Wer hätte gedacht, dass ehemalige Bierkeller der richtige Schutz für die wichtigsten Kunstwerke einer Stadt werden können? Der Historische Kunstbunker unter der Nürnberger Burg zeigt Kunstluftschutz, die Zerstörung und den Wiederaufbau in Nürnberg. Bereits ab 1939 beginnen Arbeiter, Teile von Nürnbergs mittelalterlichen Felsgewölben aus hartem Sandstein zum Schutz für die wertvollen Kunstwerke umzubauen. Die ehemaligen Bierkeller sind bis zu 24 Meter tief. In den gut belüfteten, beheizten und entwässerten Bunkern finden Kunstwerke wie die Uhr mit dem Männleinlaufen der Frauenkirche, die Reichskleinodien, der Engelsgruß von Veit Stoß aus der Lorenzkirche oder auch Werke von Albrecht Dürer eine neue Heimat. Auch Räume für Wachpersonal werden eingebaut. Nach Kriegsende sichern die bei der Einlagerung geschlossenen Bergungsverträge die Rückgabe der Kunstwerke an ihre Eigentümer. Was allerdings über zwanzig Jahre dauert – die berühmten Reichskleinodien befinden sich z. B. heute noch in der Wiener Hofburg.

Von Deutschlands einzigartiger Bergungsanlage für Kunst sind in der Dauerausstellung im Kunstbunker bis heute Originaleinbauten zu sehen. Auch über die eingelagerten Kunstwerke und ihre Geschichte sowie über den Wiederaufbau informiert der Kunstbunker. Eindrucksvoll zeigen originale Bild- und Tonaufnahmen die massive Zerstörung der Altstadt. Während im Bombenhagel 90 Prozent der Altstadt untergehen, übersteht jedes der eingelagerten Kunstwerke dies unbeschadet.

»Muss man gesehen haben«, »sehr informativ«, »unbedingt anschauen« – so urteilen Besucher. Wegen der niedrigen Temperaturen von ca. 8 °C sollte man sich allerdings auch im Sommer warm anziehen.

LAGE: Obere Schmiedgasse 52, 90403 Nürnberg
www.museen.nuernberg.de/kunstbunker
Haltestellen: Lorenzkirche (U1, U11), Burgstraße (Bus 36), Tiergärtnertor (Straßenbahn 4)

Schönbarts Tanz

HOFKONZERT DER RENAISSANCE

Menschen in langen Patriziergewändern tanzen zur Musik von Gambe und Krummhorn die Galliarde, die Mitglieder der Nürnberger Schembart-Gesellschaft erwecken die Zeit der Renaissance zum Leben. Jedes Jahr ab Mitte Juli versetzen sie das Publikum mit Musik, Tanz und Schauspiel in diese Zeit zurück, meist im idyllischen Krafftschen Hof. Die Laiendarstellerinnen und -darsteller legen Wert auf weitestgehend originalgetreue Instrumente, Spielweisen und Choreographien.

Die Renaissance war eine Hochzeit für viele Städte Europas. So wurde auch Nürnberg mit Künstlern wie Albrecht Dürer, Gelehrten wie Willibald Pirckheimer, Buchdruck, Verlagswesen und Handel zu einem der bedeutendsten Zentren nördlich der Alpen. Sie stand im engen Austausch mit nahezu allen damals wichtigen Handelsplätzen der Welt.

Ursprung der Schembart-Gesellschaft ist der Schembartlauf bei der Nürnberger Fastnacht. 1449 erstmalig schriftlich belegt, reichen seine Wurzeln bis etwa um 1350 zurück. Kaiser Karl IV. verlieh offenbar den Metzgern und Messerern das Privileg, zur Fastnacht einen Tanz aufzuführen sowie sich zu maskieren. Im Lauf der Zeit kauften die Patrizier ihnen dieses Recht ab und boten dafür eine Art Schutztruppe. Bald führten diese einen Kufenwagen mit sich (die sogenannte »Hölle«), dessen Symbole Themen der Zeit auf- und später die Obrigkeit angriffen. Somit waren sie Vorgänger der heutigen Karnevalswagen, die es lange vor dem rheinländischen Karnevalszug gegeben haben muss. Zusätzlich kann man die Schembart-Gesellschaft auch Mitte der Fastenzeit zur Laetare vor dem Dürerhaus beim Winteraustreiben und Ende November beim Kathreins-Tanz erleben, nach dem die Adventszeit beginnt und dann früher ein striktes Tanzverbot galt.

LAGE: zumeist: Krafftscher Hof, Theresienstr. 7, 90403 Nürnberg
www.schembart.de
Haltestellen: Lorenzkirche (U1), Rathaus (Bus 36)

Italien

Designklassiker

ATELIERS KRADER & REICHERT UND FLEX!

Schalensessel in Weiß, Barwagen im Bauhausstil, Tütenleuchten in Rot, dazu Lounge-Musik, die nach Kuba klingt: Inga Reichert, Inhaberin eines der beiden Ateliers, empfängt Besucher mit Sekt, Häppchen und sympathischem Lächeln. Jeden ersten Samstag im Monat laden die beiden zusammengehörenden Ateliers krader & reichert und flex! in einem Hinterhof im Stadtteil Nürnberg-Johannis zur Besichtigung ihrer neuen Schätze.

Inga Reichert ist Architektin und Designerin und sammelt schon seit geraumer Zeit gemeinsam mit Kunst- und Designhändler Jürgen Krader Designklassiker aus dem 20. Jahrhundert. 2017 zogen sie in die heutigen Atelierräume, wo sie die begehrten Möbelschätze international renommierter Designer kaufen und verkaufen. Mit der Nachfrage zeigt sich Inga Reichert zufrieden: »Wir verkaufen auch über das Internet, viel wird von Amerika aus bestellt, vor allem aus New York.«

2018 kam Quirin Gerner mit dem Atelier flex! dazu, das er nach knapp zehn Jahren in Gostenhof aufgegeben hatte. Mit seinem 2009 dort eröffneten Ladengeschäft hatte er sich sowohl unter jung(gebliebenen)en Menschen aus Gostenhof als auch Designenthusiasten aus der Metropolregion eine Fangemeinschaft aufgebaut. Er verkauft neben Möbeln Wohnaccessoires wie Zeitschriftenständer, Garderoben, kleinere Leuchten oder Spiegel. Das Sortiment ist schwerpunktmäßig auf die 1950er-, 1960er- und 1970er-Jahre konzentriert, namhafte Designklassiker finden sich darunter. Zusätzlich bietet er einen Verleih seiner Designstücke für Film- und Fotoproduktionen an – für den in Nürnberg 2010 gedrehten Kinofilm »Dreiviertelmond« mit Elmar Wepper nahm das Filmteam gleich einen halben Laster seiner Exponate mit.

LAGE: Wiesentalstr. 3/RG, 90419 Nürnberg
www.flex-nbg.de, www.krader-reichert.de
Haltestellen: Großweidenmühlstraße (Bus 34), St. Johannisfriedhof (Straßenbahn 6)

Shoppen und chillen

NACHTFLOHMARKT IN NÜRNBERG

Flohmarkt, Barbetrieb, gute Musik und Urlaubsfeeling: Beim Nightmarket im Parks, inmitten des Stadtparks am Berliner Platz, kommt all das zusammen. Eine Eventagentur veranstaltet diesen besonderen Nachtflohmarkt bis auf Dezember regelmäßig einmal im Monat. Empfehlenswert ist es, zwischen Mai und September zu kommen, wenn auch die Terrasse geöffnet ist – denn hier überkommt einen mit der großen mit einem Zeltdach geschützten Bar in der Mitte, den originellen Sitzgelegenheiten rundherum, den Feuerschalen für die Lagerfeueratmosphäre und der Musik einfach Urlaubsstimmung!

Man flaniert zwischen Lederjacken, Handtaschen und Halsketten, Gürteln und Hosen, Retroteilen aus den 1980ern, flippigen Fummeln und manchem Teil einer teureren Marke dazwischen umher. Die vielen Stände, die so manche Mutter-Tochter-Teams bestreiten, verteilen sich fast überall im Erdgeschoss: in der Garderobe, in mehreren Räumen und vor allem im Sternensaal mit seinem übergroßen Kristallleuchter an der Decke. Im Hintergrund sorgt ein DJ für die lässige musikalische Untermalung. Das Publikum ist gemischt, von Anfang 20 bis 60. Es kommen viele junge, aber auch ältere Pärchen, und sogar Männergrüppchen verirren sich freiwillig hierher – was vielleicht an den zahlreichen Frauengruppen liegen mag, die hier ihren Spaß haben. Auch ein paar kleinere Kinder flitzen herum. Alle eint eine fröhliche und entspannte Atmosphäre. Für gerade einmal 40 Euro mit zehn schönen Kleidungsstücken heimzukommen, ist hier locker möglich. Bei Preisen von 2–4 Euro für Pullover, Bluse oder Hose, 10 Euro für eine Jacke oder einen echten Lederminirock von guter Qualität oder für eine gute Tasche auch einmal 25 Euro – da kann man kaum etwas verkehrt machen.

LAGE: Berliner Platz 9 (im Stadtpark), 90409 Nürnberg
www.rebrand.ly/nightmarket
Haltestelle: Rennweg (U2)

Karlheinz Sellfrank
VDT-Kulturpreis 2010

Tauben-
museum
Deutsches
Ostern
2000

Krieg und Frieden

DEUTSCHES TAUBENMUSEUM E. V.

Georg Ratzinger, die frühere thüringische Ministerpräsidentin Christine Lieberknecht und der Gouverneur von Westsibirien waren schon da: Karlheinz Sollfranks Taubenmuseum im Nürnberger Süden haben schon mehr als 100 000 Besucherinnen und Besucher aus aller Welt gesehen. Zu den über 150 000 Exponaten auf über 700 Quadratmetern gehören u. a. prachtvolle Figuren aus Meißner Porzellan, Plakate aus vielen Ländern, Schriften von den Anfängen der Taubenzucht im Mittelalter, aber auch so manch Kurioses. »Ich weiß«, sagt Sollfrank, »dass ich 20 000 Briefmarken, 10 000 Postkarten, 6000 Porzellanfiguren, 5000 Gemälde und 3500 Medaillen habe.« Dazu eine umfangreiche Bibliothek, Uhren, Pfeifen, Löffel, Schleifen und noch vieles mehr.

Von Tauben war Karlheinz Sollfrank schon als Kind in Nürnberg-Wolkersdorf umgeben. Im Nachkriegs-Deutschland hielten fast alle Familien im Dorf Kaninchen oder Geflügel, um sich selbst zu versorgen. Neben seinem Versandhandel für Geflügelzucht begann er 1968, Fachliteratur über die Taubenzucht zu erwerben – der Grundstein für seine Sammlung war gelegt.

Der Herr der Tauben blättert in den großen Ständern, die Plakate verschiedener Nationen mit Tauben enthalten. »Alle, die Krieg führen, haben die Taube als Symbol, das ist eine Ablenkung, sage ich Ihnen.« Vieles kann er erzählen über die Taubenzucht im Orient oder wie die Züchter ihre Tauben in Asien trainieren – verpaarten sich Tauben, blieben sie sich tatsächlich ein Leben lang treu. Schwerpunkt der deutschen Taubenzucht sei jetzt der Süden Deutschlands. Für die Zucht von Rassetauben sei der fränkische Raum führend. Allein sieben Taubenrassen tragen die Stadt Nürnberg im Namen: z. B. die Nürnberger Lerche oder die Nürnberger Bagdette.

LAGE: Schießplatzstr. 40, 90469 Nürnberg
www.tourismus.nuernberg.de
Haltestelle: Worzeldorfer Straße (Straßenbahn 5)

Edles Picknick

KLASSIK OPEN AIR NÜRNBERG

Ein Picknick mit Tischdecken und Kerzen auf riesiger Wiese und fröhliche Menschentrauben bei klassischen Musikklängen: Selten begeistert Hochkultur auf so beschwingte Weise die Menschenmassen wie beim Klassik Open Air in Nürnberg. Wochen vorher wird ausgehandelt, wer wann wem welchen Platz freihält und wer Decke, Tisch & Co. zu diesem Happening mitbringt. Die halbe Stadt ist im Ausnahmezustand, jedenfalls um den Luitpoldhain in Nürnberg. Jedes Jahr lädt »Europas grünster Konzertsaal« seit der Jahrtausendwende zu mehreren Konzerten im Juli und August ein. Und das bei freiem Eintritt. Während unten Jung und Alt, Familien, Musikkenner und Neueinsteiger in Jeans und Turnschuhen oder im Blümchenkleid das Musikfest genießen, springt der Funke der Begeisterung auch auf die Musiker auf der enormen Bühne über.

Mit dieser Großveranstaltung hat es die Stadt Nürnberg geschafft, einen historisch belasteten Ort auf friedliche Weise umzudeuten, denn den 21 Hektar großen Stadtpark hatten die Nationalsozialisten einst gemeinsam mit dem angrenzenden Dutzendteichgelände für ihre monströsen Reichsparteitage benutzt. Seitdem blieb der Luitpoldhain bis auf einen Abschlussgottesdienst des Evangelischen Kirchentags 1979 praktisch ungenutzt. Anlässlich der 950-Jahr-Feierlichkeiten der Stadt fanden drei kostenlose Freiluftkonzerte statt, die u. a. die beiden großen Orchester Nürnbergs gestalteten. Die Menschen waren begeistert. Die Freiluftkonzerte wurden zum dauerhaften Sommer-Happening. Inzwischen ist es mit jährlich ca. 150 000 Besuchern das größte Klassik-Open-Air-Konzert in Europa. Wenn zu den letzten Musikstücken im Luitpoldhain Tausende Wunderkerzen aufleuchten, ist auch der letzte Zweifler vom Fest der Musik und der Gemeinschaft überzeugt.

LAGE: Luitpoldhain, 90478 Nürnberg
www.klassikopenair.nuernberg.de
Haltestelle: Luitpoldhain (S2, Tram 6/8, Bus 36/45/55/65)

Kunst der Illusion

MAGISCHER ZIRKEL NÜRNBERG

»Zum Greifen nahe und dennoch unbegreiflich«, sagt Markus Billner, Zauberkünstler und Vorsitzender des Magischen Zirkels Nürnberg. Die Vorführungen im Zauberturm Nürnberg jeden zweiten Sonntag im Monat sind weit im Voraus ausgebucht. »Wir bieten die Zauberkunst als geistreiches Spiel der Worte und Hände an und beziehen die Gäste mit ein«, erläutert Markus Billner. Etwa 20 Zuschauer können in dem kleinen Bühnenraum am runden Tisch den Zauberkünstlern aus nächster Nähe auf die Finger sehen.

Der Nürnberger Zauberturm, 1977 vom Magischen Zirkel angemietet, ist Teil der alten Stadtbefestigung. Mit deren Bau wurde 1350 begonnen, genau am Standort des Zauberturms. Das weiß man nicht nur aus alten Unterlagen, sondern man sieht es auch an der Rundung des Turms: Er ist der einzige Stadtmauerturm, der komplett rund ist. Bundesweit hat der Magische Zirkel von Deutschland ca. 3000 Mitglieder. 20 davon sind Mitglieder des Nürnberger Ortszirkels, die sich zweimal im Monat zum Probieren und Austauschen der magischen Kunst treffen. Unter den Mitgliedern ist allerdings keine einzige Frau – »aber wir sind natürlich offen für zaubernde Frauen«, erklärt Markus Billner, warum auch bei den Vorführungen ausschließlich männliche Künstler auftreten. Seit 2002 zeigen die Mitglieder ihr Können öffentlich bei der »Matinee im Zauberturm«. Die Nachfrage wurde schnell so groß, dass nun dreimal so viele Vorstellungen angeboten werden. Mit momentan zehn Künstlern. Highlight von Markus Billner ist ein Kunststück, bei dem er einen vom Gast unterschriebenen Geldschein zu Asche verbrennt, der später in einer Zitrone wieder als Ganzes erscheint. »An diesem Kunststück habe ich sieben Jahre lang intensiv gefeilt.«

LAGE: Frauentormauer 41, 90402 Nürnberg
www.zauberturm.info
Haltestelle: Plärrer (U1/2, Tram 4/6, Bus 36)

Im Garten des Oktopusses

CULINARTHEATER IM TIERGARTEN NÜRNBERG

Wenn bei feinstem Essen Bio-Schwein, Rache-Ratte oder Legehenne die Dame und den Herrn beim Dinieren stören und die sogar noch Spaß daran haben, dann ist wieder Theater im Tiergarten Nürnberg. Seit 1996 laden die Gastwirte Helga und Peter Noventa ihr Publikum zu einer ganz besonderen Veranstaltungsform ein: Beim Culinartheater in der Waldschänke mitten im Tiergarten bekommen mit gutem Essen, Theater und Live-Musik alle Sinne etwas zu tun. Sie seien die Ersten gewesen, die das so angeboten hätten, meint Peter Noventa. Dabei legt er größten Wert auf Qualität, ihr biozertifiziertes Essen habe einen Anteil von 90 Prozent. Fast jeden Samstag lockt das engagierte Team zwischen 40–80 Personen zu einer Show ins Lokal.

Passenderweise tragen diese Shows Namen wie »Charme der Tiere«, »Vom Rinde verschmäht« oder »Octopusses Garden«. In Letzterem stellt eine Spaßpartei einen Oktopus zur Wahl auf – wenn schon Komiker Präsident werden können. »Wir versuchen, uns mit einem Schmunzeln über uns selbst und die Welt lustig zu machen«, beschreibt Peter Noventa den Drahtseilakt, jedem etwas zu bieten. Wie seine Frau hat er Kunstpädagogik studiert. Sämtliche Stücke entwickelt er gemeinsam mit der Gruppe aus Schauspielern, Musikern der freien Szene und u. a. promovierten Musikpädagogen. Autor der Stücke ist Jürgen Erdmann (der 2019 den Kulturpreis der Stadt Nürnberg für einen anderen Teil seiner Theaterarbeit erhielt, in der er behinderte und nicht behinderte Menschen zusammenbrachte). Auch die Musik lässt Peter Noventa komponieren. Derzeit arbeitet er wieder an einem neuen Stück – bis dahin muss der Oktopus übernehmen.

LAGE: Am Tiergarten 8, 90480 Nürnberg
www.culinartheater.de
Haltestelle: Tiergarten (Tram 5, Bus 45)

Mondschein
auf dem Plärrer
STRABANDE

Mondscheinmarkt
auf dem Plärrer

Im Vollmond feiern

MONDSCHEINMARKT SCHWARZENBRUCK

Mondschein, besonders der Vollmond, fasziniert die Menschen seit alters her. Die Gemeinde Schwarzenbruck, etwa 20 Kilometer südöstlich von Nürnberg gelegen, hat sich zu Vollmond-Zeiten etwas Besonderes einfallen lassen: Auch um das Zusammengehörigkeitsgefühl der Ortsansässigen aus den sieben Ortsteilen zu stärken, feiert Schwarzenbruck seit 2011 seinen Mondscheinmarkt. Von April bis Oktober einmal monatlich zum kalendarischen Vollmond, egal an welchem Wochentag, beginnt das Fest um 18 Uhr auf dem Schwarzenbrucker Plärrer. Der Eintritt ist frei.

Jeder Mondscheinmarkt steht dabei unter einem bestimmten Motto. So lud die Gemeinde schon ein zu »Young Generation« oder einem Mittelalter-Markt. Wechselnde Live-Bands treten dabei passend zum Thema auf. Dazu gibt es ein Programm für alle Generationen. Dann trifft sich einfach alles, was laufen oder getragen werden kann, Groß und Klein, Alt und Jung. Und der Gemeinschaftsgedanke funktioniert: Etwa 700–800 Gäste kommen zu dem besonderen Markt im Zentrum der Gemeinde. Zum Essen und Trinken gibt es genug, sowohl fränkische Schmankerl als auch Speisen aus anderen Nationen und natürlich genügend Getränke werden angeboten. Sogar ein Lied gibt es, das eigens für den Markt komponiert und in fränkischem Dialekt (manchmal gemeinsam) gesungen wird.

Für alle, die mit dem Auto kommen, gibt es Parkplätze in begrenzter Anzahl direkt am Plärrer. Da diese bei gut besuchtem Markt nicht ausreichen, kann auch auf dem Festplatz (Anfahrt über Dürrenhembacher Straße) geparkt werden.

LAGE: Johann-Degelmann-Str. 2a (fürs Navi), 90592 Schwarzenbruck
www.mondscheinmarkt-schwarzenbruck.de
Haltestelle: Ochenbruck (S3)

Geschichte im Fackelschein

ABENDFÜHRUNG DURCH WENDELSTEIN

»Das ist unser Dauerbrenner!« Norbert Wieser vom Bürgermeisteramt ist stolz auf die gefragte Abendveranstaltung durch Wendelstein. Romantik pur ist das Motto der regelmäßigen Erlebnisführungen »Wendelstein bei Fackelschein«, eine von mehreren durch den Markt im Landkreis Roth. Aber eine äußerst beliebte: 20–30 Interessierte nehmen pro Führung daran teil. Historiker und Heimatforscher Dr. Jörg Ruthrof lässt Legenden und Anekdoten aufleben aus der stark vom Handwerk geprägten Geschichte des Orts. Ehrenamtliche von der Theatergruppe des Heimatvereins steuern bei verschiedenen Erlebnisführungen anschauliche Spielszenen bei. Auch der »Nachtgieger« soll dann und wann um die Ecken schleichen … »So lässt sich Geschichte anschaulich darstellen, und den Leuten macht es noch mehr Spaß«, meint Norbert Wieser.

LAGE: Treffpunkt Wendenbrunnen, Marktplatz, 90530 Wendelstein
www.wendelstein.de
Haltestelle: Wendelstein/Max-Reger-Weg (Bus 603)

16

Laubhütte und Ritualbad

JÜDISCHES MUSEUM FRANKEN IN FÜRTH

Franken war schon seit Ende des 11. Jahrhunderts ein bedeutendes Zentrum jüdischen Lebens in Süddeutschland. In dieser Zeit sind eigene religiöse Riten, fränkisch-jüdische Dialekte, besondere kulinarische Gebräuche, erstaunlich viele Synagogenbauten und über hundert jüdische Friedhöfe entstanden, weiß Daniela Eisenstein, Direktorin des Jüdischen Museums Franken. Zum Jüdischen Museum Franken gehören neben dem Haus in Fürth auch die Museen in Schnaittach und Schwabach. Alle drei befinden sich in historischen Baudenkmälern aus dem 16.–18. Jahrhundert. In ihnen sind bis heute erhalten gebliebene Laubhütten und Ritualbäder zu besichtigen. Alltagsgegenstände vermitteln zusätzlich ein lebendiges Bild sowohl des ländlichen als auch des städtischen jüdischen Lebens.

LAGE: Königstr. 89, 90762 Fürth
www.juedisches-museum.org
Haltestelle: Rathaus Fürth (U1)

Marie und Nisha

CADOLZBURGER BURGFESTSPIELE

Musik, Schauspiel, Geschichte und Tanz, dazu Abendstimmung und im Hintergrund die Burgkulisse der Hohenzollernburg Cadolzburg: Der Besuch einer der legendären Musical-Aufführungen des Vereins Cadolzburger Burgfestspiele e. V. ist ein Gesamtkunstwerk. Die Stücke für den Verein verfasst Fritz Stiegler. Der Landwirtschaftsmeister bzw. Bauer schreibt Mundarttexte, seit er 18 Jahre alt war. Fünf verschiedene Musical-Libretti waren es mit dem letzten Stück »Nisha«. Mit Matthias Lange hat der Verein auch einen Komponisten, der gemeinsam mit den Nürnberger Symphonikern die Musik dafür kreiert.

Alle zwei Jahre zeigen die ehrenamtlichen(!) Darsteller ihre vielgestaltigen, farbenfrohen Stücke. Mit »Mademoiselle Marie« haben alle Beteiligten Geschichte geschrieben und für Versöhnung gesorgt: Zentrale Figur ist die junge fränkische Bäuerin Marie, die 1955 nach langem Werben dem französischen Kriegsgefangenen nach Oradour folgt. Mit 14 000 Zuschauern waren alle Aufführungen ausverkauft, die Darsteller wurden sogar von der Gemeinde Oradour eingeladen, das Stück auch am Originalschauplatz aufzuführen. Die französische Gemeinde wurde im Juni 1944 von einer SS-Panzer-Division fast vollständig ausgelöscht. Die Aufführung der Cadolzburger in Oradour trug erkennbar zur Völkerverständigung und deutsch-französischen Freundschaft bei. Über das Musical wurde ein aufsehenerregender Kinofilm gedreht.

Auch in »Nisha« vereint Fritz Stiegler Themen wie Ausgrenzung, Zugehörigkeit, Aufbruch, Geschlechtergerechtigkeit sowie Klimaprobleme und Organhandel. Trotz ernsthafter Themen reißt das enthusiastische Team der Burgfestspiele das Publikum mit einer Pracht an Farben, Musik und Spielfreude mit. Die nächste Aufführung wird 2021 sein.

LAGE: Bahnhofstr. 44B, 90556 Cadolzburg
www.cadolzburger-burgfestspiele.de
Haltestelle: Egersdorf (RB)

1000 Lichter

FEUER DER EWIGEN ANBETUNG IN POTTENSTEIN

Die Feuer prasseln, Funken schlagen, hell ist das ganze Tal erleuchtet. Jedes Jahr am 6. Januar strömen mehrere Tausend Gläubige nach Pottenstein in die Fränkische Schweiz, um die Bergfeuer zum Abschluss der Ewigen Anbetung zu erleben. Ca. 80 Kubikmeter frisches Fichtenholz sammeln die einheimischen »Feuerlesschürer« dafür. Historisch gesichert ist der Brauch seit 1905. Ursprung der Ewigen Anbetung, der »Tage des immerwährenden Gebets«, soll aber der Beschluss des Bamberger Fürstbischofs Adam Friedrich von Seinsheim sein, jeden Tag in einer der Pfarreien des Bistums ein Gebet zu halten, das »ewig« und ununterbrochen gebetet würde. Nach Einbruch der Dunkelheit, der letzten Gebetstunde und dem Schlagen der Kirchenglocken gegen 17 Uhr werden ca. 1000 Feuer entzündet. Während diese an den Berghängen eine Stunde lang lodern, zieht im Tal die Prozession durch den Ort.

LAGE: Ewige Anbetung am 6. Januar, 91278 Pottenstein
www.pottenstein.de
Haltestelle: Pottenstein (Bus 397)

Mehr als römische Geschichte

REICHSSTADTMUSEUM WEISSENBURG

Magd Leni und Ratsdame Catharine Preu streiten und schwätzen wieder. Mit der Kostümführung »MuseumsGeplauder reloaded« im ReichsstadtMuseum Weißenburg sollen den Gästen neben der bekannten römischen Historie auch die »turbulenten Geschehnisse um 1800« der geschichtsträchtigen Stadt nähergebracht werden. Die Weißenburger Theaterpädagogin Antje Wagner hat sich mit dem Städteführer-Team und den städtischen Museen diese szenische Führung einfallen lassen. Die einstündige »lebendige Geschichtsstunde« beruht auf historischen Fakten, ist doch Catharina Preu auf einem großen Porträtbild im Museum verewigt. Die bewusst »menschelnden Anekdoten« (nordbayern.de) erzählen von Kornkrise, Prügeleien und Verrat, von französischer, preußischer und bayerischer Geschichte.

Lage: Doktor-Martin-Luther-Platz 3–5, 91781 Weißenburg i. Bay.
www.museen-weissenburg.de
Haltestelle: Weißenburg-Bhf. (RB)

Der Kunsterklärer

ZIMMERMUSEUM IN LAUF AN DER PEGNITZ

Bilder, Objekte, ein alter Flipper, Wandvasen, Rauchverzehrerkatzen und vor allem: Rechenmaschinen in allen Größen und teilweise weit über hundert Jahre alt. Wenn Wilfried Appelt beginnt zu erzählen, ist er kaum zu stoppen. Man sollte viel Zeit mitbringen, wenn man eine private Führung durch die einzigartige Zusammenstellung in der Acht-Zimmer-Wohnung der alten Laufer Villa unternehmen will. Dafür verlässt man diesen Ort inspiriert und voller Eindrücke.

Der ehemalige Mathematik- und Physiklehrer begann gemeinsam mit seiner inzwischen verstorbenen Frau Renate, einer Chemielaborantin, Anfang der 1990er-Jahre Kunst zu sammeln. Das eigene Haus in Leinburg war bald voll, deshalb mieteten sie die ehemalige Dienstbotenwohnung in Lauf. »Das Oberthema für uns war immer Technik und Kunst, das war für uns kein Widerspruch und geht natürlich über zu Design, Ästhetik, den Innovationen, die in der Entwicklung stecken, auch zum Handwerk oder zu Gebrauchsgegenständen, vom Nützlichen zum rein Spielerischen.« Über Jahrzehnte trug das Sammler-Paar ein höchst ungewöhnliches Panoptikum zusammen, das durch seine Art der Gruppierung auf engstem Raum eine neue Möglichkeit bietet, Kunst zu erleben.

Wilfried Appelt ist ein Kunsterklärer, der darin aufgeht, Menschen Kunst und Technik individuell nahezubringen. Wenn er zu erzählen beginnt, geht er nicht streng analytisch, sondern assoziativ vor. Er beginnt beim ästhetischen Gesichtspunkt gleicher Strichführung, geht von den technischen Finessen einer seiner Rechenmaschinen zur grafischen Kunst eines Bauplans, streut historische Fakten ein und verweist auf den aufwendigen künstlerischen Prozess einer Werksentstehung. Diese Führung dürfte ziemlich einzigartig sein.

LAGE: Weigmannstr. 2, 91207 Lauf an der Pegnitz
Besuch nach Anmeldung unter Tel. 09120/62 77, wi.appelt@t-online.de
Haltestelle: Bhf. Lauf links der Pegnitz (S1)

Feiern, futtern und flanieren

ALTSTADTFEST LAUF

Wenn die Schlagerfans sich auf dem Marktplatz zuprosten, die junggebliebenen Freunde von Rock und Pop die Bühnen der Seitengassen belagern und die Jugend zwischen Karussells, Popcorn und manchmal derselben Musik wie ihre Eltern – peinlich berührt natürlich – entgegenspringt, dann ist großes Familienfest in der kleinen Stadt Lauf. Das Altstadtfest ist ein Muss für jeden Laufer – da geht man hin, es sei denn, man ist krank oder gerade im Ausland.

Das Städtchen an der Pegnitz mit historischem Altstadtkern ist die passende Umgebung. Während die Kleinen ihre Runden auf dem Feuerwehrauto des Karussells drehen, freuen sich die Erwachsenen an Bier, Bratwurst, guter Musik und dem Treffen zahlreicher Bekannter. Teenager verschwinden in die Gassen und schauen bei den Eltern nur kurz zur Auffüllung der Feierkasse vorbei.

Jedes Jahr am letzten Juniwochenende von Freitag- bis Sonntagabend bietet das Altstadtfest eine ganze Reihe von Vergnügungen. Veranstalter ist jährlich abwechselnd einer der Laufer Vereine, die sich dafür bei der Stadt Lauf bewerben können. Gestartet wird am Freitagabend mit dem zehn Kilometer langen Altstadtfestlauf. Am Samstag und Sonntag können neue alte Kleinigkeiten auf dem Trempelmarkt erworben, die alten Bierkeller unter dem Marktplatz bei einer Führung oder das Kanurennen um das Wenzelschloss herum bestaunt werden. Selbstverständlich darf das malerische Schloss auch von innen besichtigt werden, bietet es doch einen weit und breit einzigartigen Wappensaal.

LAGE: Marktplatz und Innenstadt, 91207 Lauf
www.altstadtfest.lauf.de
Haltestelle: Bhf. Lauf rechts der Pegnitz

Altes Rathaus

Zelle mit Sekt

KNASTHOTEL FRONFESTE AMBERG

Wer will schon hinter schwedische Gardinen, in den Knast oder den Bau? Diesen hier sollten Sie sich allerdings nicht entgehen lassen. Es wird Ihnen im Hotel Fronfeste in Amberg gut ergehen, und Sie dürfen es auch wieder verlassen, wann immer Sie wollen. Das einstmalige Gefängnis haben Gerald Stelzer und Peter Voss 2013 vom privaten Vorbesitzer abgekauft und zu einem Hotel mit »gehobenem Strafvollzug« umgebaut. Denn einerseits quietschen die rostigen Gittertüren noch immer im Zellentrakt, sind die Originaltüren und der schwarz-weiß-gekachelte Boden einer der Zellentrakte noch vorhanden. Andererseits sind die Zellen mit modernsten Sanitäranlagen, Fernsehern und WLAN ausgestattet. Somit ist der morbide Ort mit den zeitgemäßen Annehmlichkeiten eines gastlichen Hotels kombiniert erlebbar.

Von 1699–1966 war die Fronfeste ein Gefängnis. Es ist Teil der Amberger Stadtmauer und befindet sich gerade einmal 700 Meter vom Bahnhof und 350 Meter vom Rathaus entfernt. Gerald Stelzer und seine Mitarbeiter empfangen die Gäste ohne Handschellen, aber stilecht mit Gefängniswärterbekleidung. Die »Übernachtung mit Wasser und Brot« ist in 24 »Zimmern« möglich. Dabei kann der Gast selbst wählen, auf welche Weise er sich »einbuchten« lässt: in Einzelzellen mit Dusche mitten im Zimmer, Doppelzellen, Zellensuite und der Direktorensuite. Diese soll Sie wie die Gefängnisdirektorin fühlen lassen – mit edlem Holzboden, Schreibtisch und Ledersofa.

Einige Themenzimmer vermitteln weitere ungewöhnliche Wohneindrücke. Dabei könnte das »Arztzimmer« kaum konträrer sein zum Zimmer mit »Hochsicherheit«, das das schöne Doppelbett mit raumhohen Gittern umfängt. Übrigens: Der Hund darf mit, mit eigenem Schlafplätzchen und Futter.

LAGE: Fronfestgasse 8, 92224 Amberg
www.hotel-fronfeste.de
Haltestelle: Amberg (RE)

Rausch der Sinne

ROKOKO-FESTSPIELE ANSBACH

Man kann über den Adel denken, was man will. Ein Fest der Sinne ist es jedenfalls, wenn einmal jährlich Anfang Juli in Ansbach die Damen in Reifrock und prachtvollen Kostümen neben den Kavalieren mit Perücken zu den Rokoko-Festspielen schreiten. In der »Stadt des fränkischen Rokokos« zelebrieren Stadt und Heimatverein das Treiben wie im 18. Jahrhundert am Hof des Markgrafen Carl Wilhelm Friedrich von Brandenburg-Ansbach. Schauplatz ist das Rasenparterre vor der Orangerie im Hofgarten. Die dazugehörige Markgräfliche Residenz war lange Residenz der Hohenzollern.

Mit 14 Jahren wird Carl Wilhelm Friedrich 1726 mit der preußischen Königstochter Friederike Louise verlobt. Die Ehe verläuft jedoch unglücklich. Der »wilde Markgraf« gönnt sich ein ausschweifendes Leben mit Prunk, Mätressen, Jagdleidenschaft und bürgerlicher Frau mit vier gemeinsamen Kindern. Er hinterlässt prachtvolle Bauwerke, Pfarrhäuser und Schulen, aber auch einen Berg Schulden. Heute ist in der Residenz in 27 Prunkräumen dem Leben der Markgrafen nachzuspüren; daneben beherbergt sie die Regierung von Mittelfranken.

Zum Auftakt der Festspiele führt der Hofmarschall Freitagabend durchs historische Galadinner. Ein Sommerfest mit Venezianischem Karneval und Feuerwerk beschließen den Abend. Am Samstag herrscht barockes Leben in der Innenstadt. Abends wird bei einem rauschenden Fest die markgräfliche Hochzeit nachgespielt. Zu festlicher Musik sprühen Fontänen des Barockfeuerwerks. Ein Rokoko-Gottesdienst mit »Hofstaat in Staatsgewändern«, das Programm der »Fürstlichen Gartenlust«, u. a. mit Kutschfahrten für Kinder, können am Sonntag genossen werden. Mit Theaterstück und Konzert an den folgenden Tagen enden die Festspiele.

LAGE: Residenz Ansbach, Promenade 27, 91522 Ansbach
www.ansbach.de
Haltestelle: Ansbach (S4)

Beim Gongmeister

KLANG(T)RAUM NÜRNBERG

Die Zellen hör- und spürbar auftanken will Jürgen Huck mit seiner außergewöhnlichen Klangtherapie. Der »Glöckner von Nürnberg« hat in seinem Klang(t)raum Nürnberg ein kleines Universum an Gong- und Klangschalen versammelt. Zwischen 101 Klangschalen, über zwanzig verschiedenen Gongs, Monochorden, einer Elfenharfe, Klangliegen und -stühlen, Brandungstrommeln, Windspielen u. v. m. liegt man auf Bodenmatten und kann in Klang und Vibrationen versinken, die diese im Körper auslösen. Es gibt Einzel- und Paarbehandlungen auf Klangliegen mit bis zu zwölf Klangschalen und dem Didgeridoo. Daneben Gong- und Klangerlebnisse für bis zu 20 Personen bei Neu- und Vollmond. Gemeinsames Trommeln auf der großen Motherdrum in einer Gruppe bis zu sechs Personen gehört auch zum Angebot. In einem Raum darüber bietet seine Frau Barbara Huck das tibetische Yoga »Lu Jong« an.

Jürgen Huck ist mit Klang groß geworden. In fünfter Generation führt er im Hauptberuf gemeinsam mit Vater und Onkel die Firma Glocken-Huck, die in Nürnberg-Schweinau Glocken, Schellen und andere klingende Artikel herstellt. U. a. fertigte die Firma früher das goldene Glöckchen am roten Band für die bekannten Schokoladenosterhasen. Fasziniert von der heilenden Wirkung auf Menschen hat sich Jürgen Huck vor vielen Jahren zum Klangschalentherapeuten und Gongmeister ausbilden lassen. Spätabends geht er auch in Krankenhäuser oder bietet seine Therapie in Thermalbädern an. Der Mann mit dem Glöckchen im Ohr ist stolz auf das, was er über die vielen Jahre geschaffen hat. »So wie ich das mache, bietet das kein anderer an!« Am Ende jeder Behandlung erhält jede und jeder ein Glöckchen zur Erinnerung an das schöne (Klang-)Erlebnis.

LAGE: Lochnerstr. 3, 90441 Nürnberg
www.klangtraum.org
Haltestelle: Nürnberg-Schweinau (U2, S4)

Aufrechte Haltung

KURSE MIT SCHWERT UND BOGEN

Die Burg Hohenstein bei Hersbruck bietet die passende Kulisse für Kurse mit Pfeil und Bogen und der richtigen Atmung: Andreas Fuchs geht es in seinen Kampfkunst-Angeboten nur vordergründig um Kampf – ihm ist die innere Haltung dabei wichtig. »Es geht um Zentriertheit und Entspannung statt weiteren Leistungsdruck. Das Üben mit dem Bogen ist eine Möglichkeit, etwas über sich zu erfahren.« So z. B., was passiert, wenn man trifft oder eben nicht trifft, ob man Spannung aushalten kann. Das gilt auch bei seinen Kursen im Schwertkampf und bei verschiedenen Seminaren, die den Kampf mit Schwert und Bogen mit Stressmanagement, Meditation und Yoga verbinden.

2007 gründet Andreas Fuchs mit Schwert & Bogen – historische Kampfkunst Nürnberg nach eigener Aussage eine der größten Schulen dieser Art in Bayern (HEMA – Historical European Martial Arts). Ihm selbst hilft die Kampfkunst, mit seinen überbordenden Gefühlen zurechtzukommen, berichtet er. Sein Wissen gibt er in Kursen für jedes Alter und an Unternehmen weiter. Er unterrichtet auch den Umgang mit historischen Waffen wie Jagd- und Kampfbogenschießen, ebenso den waffenlosen Kampf im Ringen, mit Schlägen oder Tritten. Andreas Fuchs und seine Co-Trainer beschäftigen sich zudem mit der Geschichte der europäischen und asiatischen Kampfkunst und den Werten des Rittertums. Die regelmäßig trainierenden Kämpfer in seiner Kampfkunstschule fahren zwar auch auf Turniere, und die Trainer belegen auf der weltweiten Wettkampfrangliste regelmäßig vordere Plätze. Dennoch ist ihm »wichtiger, was mit dem Menschen hinter dem Schwert passiert, als der korrekte historische Kampf«, sagt Andreas Fuchs.

LAGE: Forsthofstr. 32, 90461 Nürnberg
www.schwert-und-bogen.de
Haltestelle: Holzgartenstraße (Straßenbahn 8)

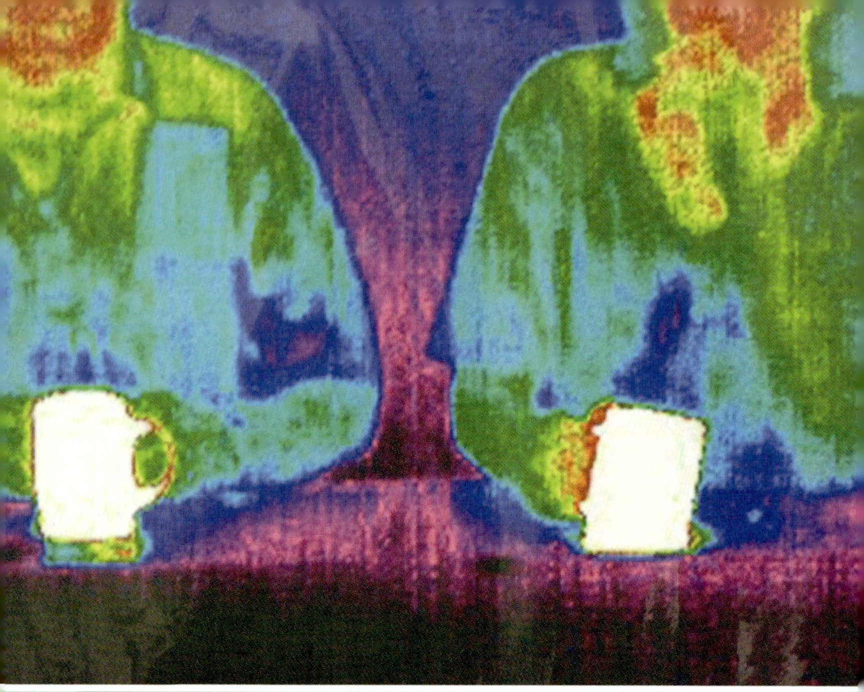

Mit den Händen sehen

DUNKELCAFÉ IN NÜRNBERG

Woher weiß ich, wie viel Zucker oder Milch ich schon in meinen Kaffee geschüttet habe? Und wie können Gast und Barkeeper ohne zu sehen die Geldscheine und -stücke beim Bezahlen auseinanderhalten? Bei einem Besuch des Dunkelcafés in Nürnberg lassen sich völlig neue Erfahrungen sammeln. In absoluter Finsternis werden Getränke und Snacks serviert, verzehrt und bezahlt. Vor dem Besuch müssen Handys und blinkende Gegenstände abgegeben werden, Menschen mit leuchtenden Schuhen dürfen nicht hinein. Dadurch ist nicht der kleinste Lichtschimmer zu erkennen. Somit stellt sich der Tastsinn um, die Ohren hören sehr viel genauer, der ganze Körper fühlt neu.

In dieser ungewohnten Umgebung helfen Frank Nohr und viele weitere engagierte Mitarbeiter mit Sehbehinderung. Sie wissen, wie man sich in der Dunkelheit verhält. Seit 2000 nimmt Frank Nohr den Gästen die Scheu: »In der Dunkelheit vertrauen die Gäste auf uns, hier werden wir nicht als ›Behinderte‹ wahrgenommen.« Vor allem sprechen sie mit den Gästen, geben ihnen damit Ruhe und Orientierung. Das Äußere eines Menschen wird in der Dunkelheit unwichtig. Man hört die Stimme intensiver und wie es einem Menschen geht. Dadurch entsteht in der Besuchergruppe eine besondere Atmosphäre, man spricht intensiver miteinander. »Man kommt ins Quatschen, auch das gehört dazu, neben der Vermittlung von Infos über die Welt der Blinden und wie wir uns fühlen«, berichtet Nohr. Das Dunkelcafé war bisher Teil des Erfahrungsfelds zur Entfaltung der Sinne. Deshalb konnte es nur während der Saison von Mai bis September besucht werden. Nun können Dunkelcafé, Dunkelgang und eine Dunkelführung auch ganzjährig gebucht werden.

LAGE: im Hirsvogelbunker, Hirsvogelstr. 14, 90489 Nürnberg
www.erfahrungsfeld.nuernberg.de
Haltestelle: Wöhrder Wiese (U2, U3, Straßenbahn 8)

Ruhe und Frieden

JAPANISCHE TEEZEREMONIE IN NÜRNBERG

Harmonie, Respekt, Reinheit und Stille sind die vier Säulen, auf denen die japanische Teezeremonie der Urasenke beruht. Wobei es eher ein Tee-Weg ist und damit als Sinnbild für den Lebensweg eines Menschen steht. Die Urasenke (ura = hinten, Sen = Familienname, ke = Haus bzw. Familie) ist eine von drei Teeschulen aus der Familienlinie des Sen no Rikyu, des großen Teemeisters im feudalen Japan.

»Man vergisst die Zeit«, sagt Sigrid Hopperdietzel, erster Vorstand des Vereins Jikishin Chadôkai Nürnberg e. V., der in Nürnberg die Teezeremonie in dieser Form abhält. Neben der Ruhe bietet sie das Eintauchen in ein Stück japanischer Kultur. Man kann sie sich aus dem Hintergrund ansehen oder aber als einer von drei aktiven Gästen mitmachen, wenn man schon Eingeweihter ist. Jede Handbewegung, jede Körperdrehung, jeder Schritt der Teemeister folgen festen Regeln. Beim »Usucha«, dem dünnen Tee, wird die einzige Teeschale, aus der alle Gäste der Reihe nach trinken, in besonderer Weise gewürdigt, um Künstler und der Keramik selbst Ehre zu erweisen, da die verwendeten Teegeräte Jahrhunderte alt und von außerordentlichem kulturellem Wert sein können.

Die Teezeremonie findet in einer originalen Teehütte aus Bambus und Lehm im Vereinsraum statt. In die Hütte schlüpft man traditionell durch eine 70 x 70 Zentimeter große Luke, um Demut zu zeigen. Wichtigster Bestandteil der Teehütte ist die Wandnische Tokonoma, die fast einem Altar gleich mit Kunsthandwerk geschmückt ist. Ob Rollbild oder Blumenschmuck: Schlichte Ästhetik prägt das Bild. »Kommen Sie ruhig mal im Winter, mal im Sommer, es gibt unterschiedliche Zeremonien«, empfiehlt Sigrid Hopperdietzel.

LAGE: Jikishin Chadôkai Nürnberg e. V., Hainstr. 25, 90461 Nürnberg
www.japanischer-teeweg-nuernberg.de
Haltestelle: Platz der Opfer des Faschismus (Straßenbahn 8), Scharrerstraße (Straßenbahn 6), Bestelmeyerstraße (Bus 44)

白鶴舞老松

Intelligent und schnell

PECHA KUCHA NIGHT NÜRNBERG

Intelligente Wissenshäppchen in Kurzform, so könnte man das Konzept von Pecha Kucha (gesprochen: Petscha Kutscha) umschreiben. 20 Folien, die je 20 Sekunden eingeblendet werden, und insgesamt dauert dies höchstens sechs Minuten und 40 Sekunden Redezeit. Diese Präsentationstechnik hat sich 2003 ein Architekturbüro in Japan einfallen lassen. Auf diese Weise können Zuhörende in kurzer Zeit Einblick in neue Wissensbereiche bekommen, ohne zu ermüden. Inzwischen gibt es Pecha-Kucha-Nächte in 1200 Städten weltweit. In Deutschland sind es 20, darunter Köln und Berlin. Vorwiegend Themen aus Kunst, Design, Musik oder Architektur sind es auch bei Nürnbergs Pecha Kucha Nights. Etwa zehn Vorträge folgen hintereinander. So berichtet jemand über die Tiny Houses, der Nächste über eine Singleplattform, die Dritte über Mut und Entscheidungen. Veranstalter sind in Nürnberg das Neue Museum, das Kreativnetzwerk Zentrifuge e. V. sowie Markus Teschner, Sabrina Weyh und Susanne Krebs.

LAGE: z. B. Neues Museum Nürnberg, Klarissenplatz 42, 90402 Nürnberg, www.pecha-kucha-nuernberg.de
Haltestelle: Hauptbahnhof (U-Bahn-, Bus-, Straßenbahn-Anschluss)

Skilanglauf im Sommer

TRENDSPORTART SKIKEN

»Das ist ein Ganzkörpertraining – 90 Prozent der Muskeln werden gelenkschonend trainiert, und es macht riesig Spaß«, erläutert Erich Kreutner seine Faszination für die Sportart Skiken, ein Kunstwort aus Skate und Bike. Erfunden hat sie 1997 der Österreicher Otto Eder, um auch im Gelände Inlineskates fahren zu können. Langlauftrainer und Mountainbiker Erich Kreutner unterrichtet seit 2008 Skiken. Seine Kurse finden hauptsächlich in Fürth, aber auch in München, Crailsheim, Würzburg oder der Fränkischen Schweiz statt. »Es ist wie Langlaufen auf Rädern, man kann bei jedem Wetter unterwegs sein. Unebenes Gelände ist dank Luftbereifung kein Problem, und das Bremssystem ist einzigartig«, so Kreutner. Zum Anfang empfiehlt er den dreistündigen Einsteigerkurs für die Basics wie Bremsen und die richtige Technik. Aufbau- und Technikkurse ergänzen das Angebot. Seine Teilnehmer kommen ab etwa 30 Jahren aufwärts zu ihm, der Älteste war vor Kurzem 80 Jahre. »Man lernt, wieder Körperspannung aufzubauen.«

LAGE: Like2skike-franken GbR, Winterstr. 5a, 90522 Oberasbach
www.like2skike-franken.de
Haltestelle/Anfahrt: Je nach Kursort (s. Internet)

Kitzmann

Burgberggeflüster

ENTLAS KELLER IN ERLANGEN

»Schoooorsch, tu dei Ochsen raus, wir schaffen's net!«, brüllt Friedrich Engelhardt den Berg hinunter. Schon wieder käme der Henninger vom Nachbarskeller mit seinem vierspännigen Bierwagen angesaust und bräuchte Hilfe. Mit dieser Szene zeigt Engelhardt, wie es früher hier oben zugegangen sein muss. Es ist Sonntagmorgen, kurz nach 11 Uhr. Zeit für die sehr spezielle, einstündige Kellerführung, die der Wirt des Entlas Kellers von April bis September jeden Sonntag leidenschaftlich anbietet.

Der Henninger Bierkeller ist zwar der längste des Erlanger Burgbergs, aber er liegt direkt neben dem Entlas Keller, der wiederum der älteste ist, wie Engelhardt den fast 40 Besuchern gleich beweisen wird. Bereits sein Vater Heinrich Engelhardt begann 1950 damit, den sich langsam verschließenden Keller am Eingangsbereich wieder zu sanieren. Wir laufen, minutenlang. Die Gänge von unzähligen Kerzen gesäumt. Sphärische Musik ist zu hören. »Es macht total Sinn, miteinander durch die Dunkelheit zu gehen«, flüstert er. Zögerlich machen wir uns auf den nächsten Weg, einem Stück vollkommener Dunkelheit. Wir gehen ein paar Schritte, stoppen wieder. Lasse man sich darauf ein, spüre man die Wände, lotst uns Engelhardt durch sein Reich der Kellergänge.

Heute wie damals ist es ihm wichtig, dass sich seine Gäste wohlfühlen. Deshalb geht er auch heute noch durch die Reihen seiner Gäste und fragt, ob alles passt. Er ist überzeugt davon, dass jedes Fest überlebt, bei dem gegessen und getrunken werden kann, weil sich die Menschen auf diese Weise zusammensetzen und reden. Er serviert Ochsenspieß und Modernes. Auf der Tafel neben der Theke stehen zahlreiche Veranstaltungsangebote.

LAGE: An den Kellern 5–7, 91054 Erlangen
www.entlaskeller.de
Haltestelle: Erlangen-Essenbacher Brücke (Bus 289)

Welt im Untergrund

HÖHLENFÜHRUNG IN FRANKEN

Mit Helm und Herz durch die nicht touristisch erschlossene Höhlenwelt Frankens geht es mit Monica Grüner-Krampe. Die Erlebnispädagogin mit ur- und frühgeschichtlichem Hintergrund bietet mit ihrer Firma Outdoorgraphie individuelle geologische Höhlenführungen, Klettererlebnisse und eine Steinzeitwerkstatt an. Eine sehr kleine Gruppe kann sich genauso an sie wenden wie eine große.

Dabei zeigt sie die vielen Facetten einer Höhle. »Ich mache keine Standardprogramme«, erklärt die erfahrene Höhlenführerin und Naturschützerin. »An vorderster Stelle steht für mich, über die Entstehung der Höhlen aufzuklären, welchen Lebensraum sie bieten, was das für ein geschlossenes Ökosystem ist.« So würden sich sämtliche äußere Bedingungen wie die Klimaveränderungen natürlich auf das Höhleninnere auswirken. Ein geringerer Niederschlag beispielsweise bewirke, dass sich auch die Höhlenflora und -fauna verändere – es wird in der Höhle trockener, und es gibt weniger Höhlentiere. Daneben beleuchtet Monica Grüner-Krampe die archäologische Seite der Höhle. »Es berührt einen, wenn man sich vorstellt, dass in der Höhle, in der man sich gerade befindet, schon Menschen vor Tausenden von Jahren am Lagerfeuer gesessen haben oder dass ein Höhlenbär aufrecht bis zu 3,5 Meter gemessen hat.« Bei ihren Führungen geht es ihr nicht darum, die Menschen eilig durch die Höhle zu schleusen, sondern allen Altersgruppen den Lebensraum im Untergrund in Ruhe nahezubringen. Auch Schulklassen sind darunter. Monica Grüner-Krampe macht auch mal das Licht aus, lässt Stille und komplette Dunkelheit für einige Minuten wirken. Auf diese Weise würden die Menschen das nicht mehr als bedrohlich, sondern als erholsam erleben.

LAGE: Kapellenweg 7, 91286 Obertrubach (Fränkische Schweiz)
www.outdoorgraphie.de
Haltestelle/Anfahrt: Je nach Führung auszumachen

Futuristische Ausblicke

FUNKTURM HIMMELSLEITER IN POTTENSTEIN

150 Stufen muss man über die ungewöhnliche Treppenkonstruktion des Pottensteiner Aussichtsturms Himmelsleiter steigen – aber die lohnen sich: Bei 25 Metern Höhe bietet sich ein fantastischer 360°-Rundumblick auf die Fränkische Schweiz, der an guten Tagen bis zum Fichtelgebirge reicht. Zwischenplattformen erlauben Verschnaufpausen. Der Aussichtsturm kommt insgesamt auf eine Höhe von 37 Metern.

An der Himmelsleiter führen verschiedene Wanderwege vorbei, darunter der mittelschwere Panoramaweg Burg Pottenstein-Elbersberg. Der Turm befindet sich gut einen Kilometer südöstlich der Burg Pottenstein. »Der in Bayern einzigartige Funkturm« (inFranken.de) vereint nichtöffentlichen BOS-Funk von Behörden und Organisationen wie Polizei, Technischem Hilfswerk oder Feuerwehr mit einer Aussichtsplattform. 2014 wurde er installiert und Ostern 2015 eröffnet. Da er in das Landschaftsschutzgebiet über der Pottensteiner Burg eingebettet werden sollte, wollte man einen Betonbau vermeiden. Eine Berliner Spezialbaufirma verbaute deshalb ca. 80 Tonnen Stahl . Eine besondere Aufgabe an die Statik stellte auch die 20 Tonnen schwere Kanzel dar. Alles zusammen ruht auf einem Fundament aus 200 Tonnen Beton.

Geöffnet ist der Aussichtsturm täglich, nur im Winter ist geschlossen. Es kann nicht am Aussichtsturm geparkt werden, sondern bei der Kapelle Elbersberg. Von dort führt ein Gehweg entlang der Markierung blauer Längsbalken zwei Kilometer in Richtung Burg Pottenstein zur Himmelsleiter. Seit Mai 2017 sind auf der Plattform Schilder angebracht, die erklären, was man beim Blick in die Ferne sieht.

LAGE: Finkenleite, 91278 Pottenstein
www.fraenkische-schweiz.com
Haltestelle: Pottenstein (Bus 470, VGN-Linien 389, 397)

Kalt und beliebt

FAMILIENSCHWIMMBAD STREITBERG

Es ist kalt, alt … und sehr beliebt! Das 1931 als Kurbad gegründete Familienschwimmbad im etwa eine Stunde nördlich von Nürnberg gelegenen Niederfellendorf wird heute von der Marktgemeinde Wiesenttal betrieben. Liest man die Beschreibungen des Bads mit seinem alten Charme, kommen die Besucher aus dem Schwärmen nicht heraus: »idyllisches Naturbad«, »traumhafte Lage an der Wiesent«, »tolle Atmosphäre«, heißt es da beispielsweise. Selbst die alte Schrift in Serifenform auf den Schildern am Beckenrand passt dazu. Nicht umsonst ist dieses Bad denkmalgeschützt.

Das Besondere ist seine landschaftliche Lage unterhalb der Burgruine Neideck, direkt an der Wiesent, dem Hauptfluss der Fränkischen Schweiz. Im Bad besteht ein direkter Zugang zum Fluss. Auch Kähne sind ausleihbar, man kann Paddeln und Rudern. Vom Bad mit seinen Becken für Schwimmer und Nichtschwimmer, einer Rutsche, einem Ein-Meter-Sprungbrett, Liegewiese, Umkleidekabinen, Duschen, Toiletten und sogar einem Bad-Café mit Biergarten hat man einen wunderbaren Blick auf die romantische Burgruine, die Felsen und bewaldeten Hügel.

Hohe Betriebskosten und Auflagen zur Wasseraufbereitung machen den Verantwortlichen und der Bevölkerung aber ihre Liebe zur alten Badeperle schwer. Kurz bevor die Schließung der beliebten Freizeitanlage droht, gründen die Einwohner 2006 einen Förderverein, mit dessen Hilfe sie das Bad mit seinem ursprünglichen Charme erhalten wollen. Nachdem auch die Politik auf dieses Kleinod aufmerksam wurde und sogar Umweltminister Thorsten Glauber einen Besuch abstattet, will die Gemeinde das Bad sanieren. Sie hofft auf diverse Fördermittel, um das Bad technisch zu modernisieren und eine Liegewiese neu zu gestalten.

LAGE: Am Freibad 7, 91346 Wiesenttal
www.familienschwimmbad.de
Haltestelle: Streitberg (Bus 470)

Bis der Akku glüht

E-BIKE-TOUREN IN LAUF

»Wir fahren die extremsten Steigungen, haben die schönsten Ausblicke und genießen es. Das macht den Unterschied!« Begeistert erzählt Achim Maass von seinen Touren mit dem E-Bike. Im Landkreis Nürnberger Land war er gemeinsam mit dem ADFC der erste Veranstalter für das motorisierte Fahrradfahren. Er hat als aktives Förder-Mitglied im Allgemeinen Deutschen Fahrrad-Club (ADFC) selbst erlebt, dass E-Bike-Fahrer bei »normalen« Touren oft belächelt werden. Als Inhaber des E-Bike-Ladens in Lauf – ebenfalls des ersten im Landkreis – kannte er bereits zwei Tourenleiter und begann deshalb vor einigen Jahren damit, E-Bike-Ausflüge anzubieten. Das schließt »normale« Radfahrer nicht aus – allerdings kämen da selbst die Trainiertesten nicht hinterher, denn während ein Radler ohne Motor am Tag etwa 50–60 Kilometer schafft, fährt die Gruppe mit Motor 80–120 Kilometer. »Wir verausgaben uns genauso, aber schaffen halt mehr am Tag.«

Achim Maass ist in einer zweiradbegeisterten Familie groß geworden. Großvater Herbert Maass hatte bereits in den 1930er-Jahren einen Zweiradladen mit Werkstatt und fuhr Motorradrennen, Vater Jürgen Maass bestritt leidenschaftlich Fahrradrennen. Als Kind erlebt Achim Maass viele Fahrradtouren mit seiner Familie. Wohl auch deshalb gibt er seine Lehre als Großhandelskaufmann auf, um auf eine Lehre mit anschließendem Meisterbrief als Zweiradmechaniker umzuschwenken. Bei seinen Touren reiche das Alter vom 13-jährigen Enkel bis zu Interessierten in den hohen Siebzigern. Auch das Geschlechterverhältnis sei ausgeglichen. Ziele sind überwiegend die Frankenalb, das Nürnberger Land oder mal eine anspruchsvolle Tour in die Oberpfalz. Mittlerweile bietet er auch Feierabend-Touren an.

LAGE: Barthstraße 1, 91207 Lauf
www.ebike-maass.de
Haltestelle: Bhf. Lauf rechts der Pegnitz

Die Grautiere sind los

ESELRENNEN HERSBRUCK

»So ein Esel!« – das ist jedes Jahr am Nachmittag des ersten Augustsonntags als volles Lob gemeint. Als Gaudi innerhalb des Altstadtfests begeistert dieses Rennen auf dem Gelände des 1. FC Hersbruck jedes Jahr bis zu 4000 Besucher. 1980 gründet sich aus einem Stammtisch heraus der 1. Eselclub, der die scheinbar verrückte Idee eines Eselrennens hervorbringt. Zunächst laufen die Grautiere auf der Sartoriusinsel um die Wette; seit 1987 wird das Rennen auf dem Gelände des 1. FC Hersbruck ausgetragen. Nachdem sich der Eselclub wieder auflöst, veranstaltet der 1. FC Hersbruck seit 1992 das originelle Wettrennen selbst. Die Esel und ihre Besitzer müssen etwa vier Runden à 200 Meter auf dem abgesteckten Fußballplatz bewältigen. Das Esel-Mensch-Team, das als Erstes die Ziellinie überschreitet, hat gewonnen. Pro Esel darf immer nur eine Person mitlaufen. In Vorläufen, Hoffnungs- und Finalläufen wird der schnellste Esel gekürt. Vor dem Rennen untersucht ein Tierarzt den Allgemeinzustand jedes Esels, auch die Hufe, hört die Tiere ab und prüft die Impfpässe.

Das geliebte Grautier anzuschieben oder mit Mohrrüben zu locken, ist erlaubt. Denn Esel sind nicht störrisch, sie bleiben stehen, wenn sie etwas nicht kennen und deshalb nachdenken müssen. Im Gegensatz zu Pferden sind sie keine Fluchttiere, sondern kommen aus Gebirgsregionen, wo hektisches Davonrennen für Esel gefährlich wäre. Und noch mehr als Pferde suchen sie den Kontakt zu Menschen. Unterhaltungswert haben nicht nur die Esel mit ihrem unberechenbaren Laufverhalten. Mancher Esel saust seinem Menschen, ohne mit dem langen Ohr zu zucken, so schnell davon, dass der kaum noch mitkommt. Das macht den Zieleinlauf doppelt spannend.

LAGE: Happurger Str. 27, 91217 Hersbruck
www.fch-eselrennen.de
Haltestellen: Happurger Straße (Bus 364),
Bhf. Hersbruck rechts der Pegnitz (S1)

Sparkasse Nürnberg

Die Kraft der Ruhe

LAMA-TREKKING NÜRNBERGER LAND

»Man muss sich darauf einlassen, mit den ruhigen Lamas zu gehen«, erklärt Gerd Ottmann. Er bietet gemeinsam mit seiner Frau Wanderungen mit den beruhigenden Tieren an. Bei den Schnupper- und Halbtagestouren (1 bzw. 2 Std. Gehzeit) durch die Hersbrucker Alb geht es vor allem darum, den eigenen Alltagstakt abzubauen und sich auf das Tempo der Tiere einzustellen. Kinder hätten damit weniger Probleme: »Die Ruhe, die die Tiere ausstrahlen, verlangt vielmehr von uns Erwachsenen, dass wir ruhig und konsequent mit den Tieren umgehen.« Gerd Ottmann veranstaltet die Touren etwa alle zwei Wochen am Samstag und Sonntag, Interessierte sollten ihre Anfrage per Mail an ihn richten (aktuelle Adresse siehe Website).

2007 plant Familie Ottmann, drei bis vier Tiere für die fünfköpfige Familie als reines Hobby zu halten. »Meine Frau hatte früher ein Pferd, und als Ersatz kamen wir auf die Lamas.« Die ersten Jahre wandern sie als Familie mit den Tieren, gehen auf Zucht- und Lama-Schauen. Sie sind erfolgreich. Die Nachfrage vergrößert sich, und sie bieten ihre Touren auch anderen Interessierten an. Nach ein paar Jahren konzentrieren sie sich nur noch auf die Wanderungen mit den Tieren. Derzeit gehören 13 Tiere von zwei bis zwölf Jahren zur Lama-Familie. Bei seinen Touren erklärt Gerd Ottmann erst etwas zu den Tieren und ihrem Verhalten, bevor es losgeht.

Sie bekommen viele positive Rückmeldungen. So konnte eine Patientin der nahen Frankenalbklinik nach der Wanderung auf ihre Beruhigungsmittel verzichten. »Wir hatten schon Gäste aus Schwäbisch-Hall, die zwei Stunden zu uns herfuhren.« Manchmal versucht ein Manager, zwei Meter groß, das Tier mit Kraft zum Gehen zu bewegen: »Es funktioniert aber nur mit ruhiger Körpersprache.«

LAGE: Sendelbach 1, 91238 Engelthal
www.frankenalb-lamas.de
Haltestelle: kein ÖPNV möglich

Baden wie in Südfrankreich

HAPPURGER BAGGERSEE

Eingebettet in die abwechslungsreiche Landschaft der Hersbrucker Alb liegt der Happurger Baggersee. Hierher kommen die Menschen aus den umliegenden Ortschaften Hersbruck, Pommelsbrunn oder Lauf, aber auch aus Nürnberg. Die vielen Pkws finden Platz auf dem großen Parkplatz, dennoch sind Fahrgemeinschaften ratsam, um die Region nicht zu sehr zu belasten und ihre Schönheit zu erhalten. Auch mit der S-Bahn (S1) und etwas Fußweg ist das Naherholungsgebiet erreichbar.

Zwischen Bäumen und Sträuchern finden alle Altersklassen genügend verschiedene Liegeflächen. Man breitet die Picknickdecke aus, hat Essen und Trinken dabei (der Hund darf an der Leine mit) und kann zur Ruhe kommen. Der 2017 neu gebaute, gepflegte Kiosk am Westufer bietet Kuchen und warme Speisen und kann für Feiern gemietet werden. Umkleidekabinen sind vorhanden, Badestege bieten angenehme Einstiege. Hat man sich einmal überwunden, will man gar nicht mehr aus dem kühlenden Nass. Trotz vieler Menschen an heißen Tagen ist die Stimmung tiefenentspannt. Rundherum blickt man auf Wald und Flur des umgebenden Landschaftsschutzgebiets, zwischendurch blitzen ein paar mittelgebirgige Felsen hervor – ein bisschen wie in Südfrankreich eben. Beim nahen Happurger Stausee sind Segeln und Surfen, Angeln und Wandern angesagt, Baden ist nicht erlaubt. Das Café-Restaurant Seeterrassen am Stausee verführt am späten Sonntagnachmittag noch mit Schwarzwälder Kirschtorte. Dort finden auch Grillabende und weitere regelmäßige Veranstaltungen statt.

LAGE: Am Baggersee 1, 91230 Happurg
www.seen.de/happurger-see
Haltestelle: Happurg (S1)

Schöner Frauenschuh

ORCHIDEEN-WANDERN UM LICHTENEGG

Festes Schuhwerk ist nötig bei der Rundwanderung entlang des Frauenschuh-Gebiets: Diese Orchideenart kann zwischen der zweiten Mai- bis zur ersten Junihälfte auf dem Zauberwald-Orchideenweg Nr. 34 bewundert werden. Genauer gesagt handelt es sich um den Gelben Frauenschuh, eine der prächtigsten Orchideen Europas, die wild wächst. Sie ist gefährdet und steht deshalb in allen Ländern Europas unter Artenschutz. 1996 und 2010 wurde sie zur Orchidee des Jahres gewählt.

Empfehlenswert ist es, am Nachmittag zu starten, denn abends erwartet Sie ein besonderer Anblick. Beginnen Sie am Parkplatz unterhalb des Wirtshauses Zum Alten Schloss-Wirt in Lichtenegg, etwa eine Stunde östlich von Nürnberg, wo Mittelfranken auf die Oberpfalz trifft. Gleich zu Beginn des meist gut ausgeschilderten Wegs links am Feld vorbei wird es steil und wurzelig. Es geht bergauf und bergab, vorbei an den Felsformationen des Frankenjuras. Bald sehen Sie den Emilfelsen, später baut sich der Türkenfelsen beeindruckend als eine große Wand im Wald auf. Nach einer Weile, direkt am Wegrand, erscheinen die schönen Blüten des Gelben Frauenschuhs, die in Gruppen wachsen. An dieser Stelle eine große Bitte: Bleiben Sie auf den Wegen! Zum Fotografieren reicht ein Objektiv. Sobald Sie zu nahe an die Orchideen herantreten, verdichten Sie den Boden und schädigen damit die Lebensbedingungen der geschützten Art nachhaltig.

Neben Frauenschuh finden sich weitere seltene Pflanzen auf dem Orchideenweg wie Schlüsselblume, Kuckucksblume, Nestwurz oder Berganemone. Zum Schluss gehen Sie unbedingt die paar Schritte zur Burgruine Lichtenegg hinauf – mit fantastischer Rundumsicht, Sonnenuntergang und besonderer Abendstimmung.

LAGE: Lichtenegg 5, 92262 Birgland
www.lichtenegg.info/lichtenegg_orchideenweg.htm
Haltestellen: Hartmannshof (R4), Lichtenegg (Bus 479)

Anspruchsvolle Heimat

800-HÖHENMETER-WEG POMMELSBRUNN

Dieser besondere Wanderrundweg durch die Hersbrucker Schweiz mit seinen fantastischen Ausblicken u.a. auf den Happurger Stausee bietet beeindruckende Erlebnisse. Das sah offenbar auch das Bayerische Fernsehen so: Der neue Wanderweg wurde am 2. September 2019 zur Wanderwoche des Bayerischen Rundfunks neu eröffnet.

Marion Pirner ist nicht nur Chefin ihres Unternehmens für Bauen und Wohnen mit Holz in Pommelsbrunn, sondern auch leidenschaftliche Wanderin. So kam sie auch auf die Idee für den 800-Höhenmeter-Rundweg »800 HMR« südwestlich von Pommelsbrunn. Auf ca. 18–19 Kilometern Länge in vier bis sechs Stunden diese 800 Höhenmeter zu überwinden – dafür hat sie einen anspruchsvollen und überaus abwechslungsreichen Rundwanderweg zusammengestellt. U.a. kommt man an den Resten einer der größten keltischen Höhensiedlungen Süddeutschlands vorbei. Start und Ziel ist jeweils die Firma Holz Pirner. Der Weg führt über Happurg, Kainsbach und Förrenbach zurück nach Pommelsbrunn (Markierung weißes Wanderzeichen auf hellblauem Grund). Die gut ausgearbeiteten Wegbeschreibungen orientieren sich gegen den Uhrzeigersinn: Als Erstes erwarten einen Richtung Happurg der Hohle Fels, der Ausblick auf den stiefelartigen Stausee und der Jungfernsprung. Aber auch weniger Schönes und dennoch Geschichtsträchtiges liegt auf dieser Route: In Happurg gibt es die Dockerstollen, in denen Häftlinge des Außenlagers des KZ Flossenbürg schufteten. In Kainsbach kann man in der bekannten Kainsbacher Mühle einkehren. Hinter Förrenbach folgt bald der letzte große Anstieg: Auf geradem Wege führt die »Direttissima« zur Kapellenruine Arzlohe hinauf.

LAGE: Start bei Holz Pirner, Nürnberger Str. 29–30, 91224 Pommelsbrunn, www.1000hmr.de/800hmr
Haltestellen: Pommelsbrunn (S1), Pommelsbrunn-Rathaus (Bus 446)

1000HMR.DE
800HMR

Naturtöne

KLINGENDER WASSERFALL HAIMENDORF

Erholsam und romantisch ist der Klingende Wasserfall, ein Naturdenkmal nördlich des Röthenbacher Stadtteils Haimendorf. Fünf Meter fällt der Hüttenbach über Sandsteinstufen in die Tiefe. Besonders reizvoll ist der als Geotop ausgezeichnete Ort im Winter, wenn das fallende Wasser zu Eiszapfen gefriert und Orgelpfeifen gleich durch Wind und Wasser Töne erzeugt. Auch Kinder haben hier Sommer wie Winter ihren Spaß. Der Wasserfall lässt sich gut mit einer kleinen Rundwanderung erlaufen. Dazu startet man am besten in Diepersdorf (Parken am Dorfbrunnen), wandert über Rockenbrunn nach Haimendorf zum Wasserfall und über den Moritzberg zurück nach Diepersdorf, empfiehlt der *frankenlandler*. Einkehren kann man im Gasthof Grüner Baum, Rockenbrunn oder auf dem Moritzberg.

LAGE: Leinleitenweg, 91207 Röthenbach a. d. Pegnitz
www.urlaub.nuernberger-land.de, www.frankenlandler.com
Haltestelle: Röthenbach-Bhf., von dort mit Bus 331
bis Haimendorf-Ortsmitte

Rundumsicht

VESTNER TURM ZIRNDORF

Während Schwedenkönig Gustav Adolf und Wallenstein im September 1632 im Dreißigjährigen Krieg hier aufeinandertrafen, ohne dass einer von beiden den Sieg davontrug, können wir heute, fast 400 Jahre später, den Ausblick genießen. Die Alte Veste in Zirndorf wurde 1980 als neuer Turm auf Resten des alten Wehrturms errichtet. Den ursprünglichen Turm ließ die Reichsministerialen-Familie von Berg zwischen 1228 und 1235 erbauen als Turmhügelburg auf dem Sandsteinplateau nördlich von Zirndorf, an der Grenze zu Dambach. Heute bietet der Aussichtsturm bei gutem Wetter einen hervorragenden Rundumblick über Zirndorf, Fürth und Nürnberg, mit Blick bis zur Fränkischen Schweiz und zum Altmühltal. 170 Stufen und 28 Höhenmeter wollen überwunden werden. Das Gasthaus und der Stadtwald in der Nähe runden den Besuch ab.

LAGE: Alte Veste 2, 90513 Zirndorf
www.zirndorf.de
Haltestelle: Fürth-Hbf.,
dann mit der RB weiter (3 Haltestellen)

Pacelli's

Wilder Student

WALLENSTEIN-RUNDWANDERWEG ALTDORF

Mit 15 Jahren schreibt sich der in Böhmen geborene Albrecht von Waldstein an der Universität Altdorf ein. Wenige Wochen später ist er bereits in die Ermordung eines Fähnrichs der Altdorfer Bürgerwehr verwickelt. Bald danach misshandelt er seinen Diener schwer mit Peitschenhieben, weil dieser untätig aus dem Fenster gesehen hatte. Diese Vorfälle sollen in einem Brief an den Nürnberger Rat 1600 bezeugt sein. Seine Bestrafung fällt zwar ungewöhnlich milde aus, dennoch legt ihm Altdorf nahe, die Stadt zu verlassen. Trotzdem gelangt der später als Wallenstein berühmt gewordene Feldherr des Dreißigjährigen Kriegs 300 Jahre später in Altdorf und Umgebung zu Ehren, z. B. durch die alle drei Jahre stattfindenden Wallenstein-Festspiele und einen Wanderweg.

Dieser Rundweg beginnt am Rathaus; gleich gegenüber befindet sich das Wallenstein-Quartier, das der spätere Feldherr für sieben Monate bezog. Nach kurzem Gang kommt man bereits an die berühmte Altdorfina, wie die Universität Altdorf genannt wurde; hier promovierte auch der Universalgelehrte Gottfried Wilhelm Leibniz. Der Innenhof dient als stilechte Kulisse für die Wallenstein-Festspiele. Es folgen Universitätsmuseum, Wallensteinbrunnen und Pflegamtsschloss, dann geht's zu den wildromantischen Zielen in der Umgebung, z. B. zur Felsformation Löwengrube, deren Sandstein im 16. Jahrhundert für den Bau der Universität verwendet wurde. Anschließend gelangen wir ins schöne Schwarzachtal und zur Prethalmühle. Von dort wandern wir zur mehrfach zerstörten und wiederaufgebauten Burg Grünsberg, die bis heute der geschichtsträchtigen Familie Stromer gehört. Als letzten Höhepunkt gibt es die wilde Felsformation Teufelsschlucht zu sehen, bevor wir den Oberen Torturm und wieder das Rathaus erreichen.

LAGE: Rathaus Altdorf, Oberer Markt 2, 90518 Altdorf
www.altdorf.de
Haltestelle: Altdorf (S2)

Wildromantisch

SCHWARZACHSCHLUCHT BEI FEUCHT

Super schön, perfekt, lohnt sich auf jeden Fall: So lauten die Kommentare zur Schwarzachschlucht zwischen Feucht und Schwarzenbruck, südöstlich von Nürnberg. Hier hat sich auf zwei Kilometern Länge der Fluss Schwarzach tief in den Sandstein eingeschnitten. Im Ergebnis können wir aufgeschichtete Felsformationen, Höhlen und ein noch sehr naturbelassenes Tal bewundern. Die Schwarzachschlucht zählt zu Bayerns 100 schönsten Geotopen. Unter der Geotopzahl 22 schützt sie das Bayerische Ministerium für Umwelt, Gesundheit und Verbraucherschutz.

Vor ca. 215 Millionen Jahren, in der Zeit des mittleren Keupers, entstand der Burgsandstein, der für das westliche und südliche Mittelfranken typisch ist. Am Rand eines flachen Beckens setzten sich Schlamm und Sand von den umliegenden Gebirgen ab und verfestigten sich zu Sandstein. Der harte Burgsandstein wurde an manchen Stellen von der Schwarzach ausgewaschen. So entstand die Schlucht. Da die Strecke zusätzlich ein wasserwirtschaftlicher Lehrpfad ist, informieren Schautafeln auf dem ca. 6,5 Kilometer langen Rundwanderweg über Mühlenbetrieb, Kraftwerk oder auch Fischzucht. Höhepunkte der etwa dreistündigen Wanderung sind die Karlshöhle und die Gustav-Adolf-Höhle.

Fährt man mit dem Auto, liegen Start- und Zielpunkt bei der Waldschänke Brückkanal in Feucht. Für unsere Wanderung durchqueren wir den Biergarten in östlicher Richtung; nach ca. 50 Metern führen Holzstufen ins Tal hinab und entlang der Schwarzach. Bei der empfehlenswerten Alternativ-Anreise mit der Bahn beginnt man die Wanderung am Bahnhof Ochenbruck: Man orientiere sich an beiden Kirchen und der Feuerwehr vorbei, um nach ca. 20 Minuten den Hirtenweg zu erreichen, an dessen Ende man den Eingang zur Schlucht findet.

LAGE: Gasthaus Brückkanal, Am Brückkanal 3, 9053 Feucht
www.landratsamt-roth.de
Haltestellen: Gsteinach, Klausener Straße (Bus 502)

Schatz im Heidenberg

SAGENWANDERWEG BÜCHENBACH-KAMMERSTEIN

Die »Lichtlein der Elfen und Bergmännlein« sollen zu den zwölf Unternächten das Luderloch erleuchten, einen unterirdischen Felsengang im Heidenbergforst. »Ganz am Ende des Gangs steht eine große eiserne Truhe. Obendrauf sitzt ein Pudel mit feurigen Augen und hält den Schlüssel zwischen den Zähnen. Wenn man den Zauberspruch sagt, wird der Pudel zahm, und der Schatz kann gehoben werden.« So weiß es eine der Sagen auf dem Sagenwanderweg Büchenbach-Kammerstein.

Die beiden Rundwanderwege mit sieben bzw. acht Kilometern Länge werden von beiden Gemeinden sowie dem Landkreis getragen. Ausgangspunkte sind das Rathaus Kammerstein und der Wanderparkplatz Kühedorf-Büchenbach. 22 gut ausgeschilderte Stationen an historischen Standorten führen durch meist hügeliges Gelände mit Fichten- und Laubmischwald. Die Wege sind auch mit Buggies oder Fahrrad gut zu bewältigen.

Der Heidenbergforst wird bereits um das Jahr 800 vom neuen Königshof Schwabach angelegt. Ab 1364 verwaltet ihn der Nürnberger Burg- und spätere Markgraf von Brandenburg-Ansbach von der Burg Kammerstein aus. Seit dieser Zeit sind 22 Sagen entstanden, die 1922 Volksschullehrer Hans Hörndler aus Ottersdorf festhält. Ein zweiter Sagenstrang berührt die beiden wichtigen Reichsstraßen nach Nürnberg. Die Burgunderstraße (auch Ulmer-, Wein- oder Heerstraße) führte über Kammerstein, die Italienstraße (Weißenburger Steig) über Kühedorf. Vielleicht lässt sich auf dem Weg durch den geheimnisvollen Wald mit Quellen und kleiner Höhle auch die Weiße Frau aus einer der Sagen kurz blicken …

LAGE: Dorfstr. 10, 91126 Kammerstein, oder Wanderparkplatz Kühedorf, 91186 Büchenbach-Kühedorf
www.kammerstein.de, www.buechenbach.de
Haltestelle: Büchenbach (R6 bzw. S-Bahn von Nürnberg Ri. Roth)

Zwischen Moos und Glas

BARFUSSWONNENWEG SPALT

Bodenhaftung mit Erholungseffekt kann man auf dem Spalter Barfuß-WonnenWeg am Igelsbachsee bekommen. Am Startpunkt neben dem Panorama-Wohnmobilstellplatz des zwei Kilometer langen Rundwegs heißt es: Schuhe und Strümpfe ausziehen! Der Pfad führt zunächst durch Kiefern- und teils Laubwald ins Tal des Bründelbachs. Von dort geht es bergauf in den von Kindern besonders geliebten Moor- und Matschbereich. Man erreicht einen ruhigen Vesperplatz, bevor es über Stock und Stein zu den Himmelsliegen auf der sonnigen Stockheimer Seite weitergeht. Weicher Waldboden mit Wurzelwerk, Natursteinplatten, Sand und Rinde, Kies, Tannenzapfen, ja sogar Glasscherben (verletzungsfrei aufbereitet) folgen.

Der Weg ist besonders angenehm an heißen Sommertagen. Auch für Familien mit Kindern ist der Pfad ein Erlebnis; ihnen dürften vor allem Seilbrücke, Holzbalkentreppe, Balancierhölzer, Trittsteine und Wackelfüße im Bach Vergnügen bereiten. Da es ziemlich auf und ab geht, ist der Pfad für Kinderwagen nicht geeignet. Hunde dürfen nicht mitgeführt werden. Bis zu zweieinhalb Stunden sollte man einplanen. Am Ende, nach einem kühlenden Gang durchs frische Quellwasser des Bründelbachs, erreicht man wieder den Ausgangspunkt.

Bis zu 30 000 Menschen besuchen den Pfad jährlich. Ehrenamtliche pflegen ihn täglich. Barfußlaufen regt das Herz-Kreislauf-System an und soll bei Krampfadern und Venenleiden helfen.

LAGE: Enderndorf am See, 91174 Spalt
www.barfusspark.info
Haltestelle: Enderndorf am Schloss (Bus 621)

Modelschnitzen

ATELIER HONIGHÄUSLA

Nicht nur für die Vorweihnachtszeit eignet sich der Schnitzkurs von Birgit Maria Jönsson in ihrem Atelier Honighäusla nahe der Nürnberger Burg. Aus Zirbenholz kann sich jeder unter fachkundiger Anleitung ein Honigkuchenmodel – also eine Lebkuchenbackform – schnitzen. Die wird auch gleich ausprobiert: Jeder geht mit Model, frisch gebackenen Honigkuchen und neuen Eindrücken nach Hause. »Drei bis vier Stunden intensives Zusammensein mit leckeren Resultaten«, beschreibt es die »Bildhauerin für Bienen«, wie sie sich bezeichnet.

»Mit drei Jahren bekam ich die Langspielplatte ›Wie Putzi das Eichhörnchen den Bienen ein Haus baut‹«, erzählt Birgit Maria Jönsson – es machte sie in diesem zarten Alter bereits zur Bienenliebhaberin. Nach einem Philosophiestudium schwenkt sie um auf Restauration, Holzbildhauerei und Imkerei. Seit 1995 hat sie sich als Holzbildhauerin auf sogenannte Figurenbeuten spezialisiert und vereint nun Holzhandwerk, Bienen und Kunst miteinander.

Seit alters her richteten die Menschen Baumstämme als Höhlen für die Bienenvölker her. So entwickelten sich Holzstatuen mit individuellem Charakter als Status- und Schmuckelemente, Figurenbeuten, Klotzbeuten oder Klotzstülper genannt. Bis zu 60 Stück hat Birgit Maria Jönsson inzwischen für Auftraggeber in Europa und bis nach Japan geschaffen, darunter eine Form mit Marilyn Monroe, der die Bienen unter dem Rock herausschwirren, und eine mit einem riesigen lachenden Buddha. In Ihrem Honighäusla kann man ab Sommer auch frischen Honig vom biozertifizierten Nürnberger Stadtimker Marc Schüller erwerben. »Bienen im Wald und in ihrem natürlichen Habitat Baum zu halten, hat heute wieder Hochkonjunktur«, so Birgit Maria Jönsson.

LAGE: Bergstr. 23, 90403 Nürnberg
www.bienenimbauch.de, Anmeldung unter figurenbeuten@gmail.com
Haltestellen: Lorenzkirche (U1), Burgstraße (Bus 36), Tiergärtnertor (Straßenbahn 4)

Zauberholz

HOLZDRECHSLEREI GROTTENTHALER

Ein Hinterhof in Nürnberg-Gostenhof mit Blätterwuchs an der Wand: Hinter der roten Tür mit klassischem Emaille-Schild steht man inmitten von duftenden Spänen. Der Drechsler Frank Grottenthaler fertigt in fünfter Generation nicht nur Treppensprossen und Kunstobjekte, sondern sogar Zauberapparate an. Er ist der letzte Drechsler Nürnbergs mit Meistertitel in diesem Handwerk.

Mit einer roten Kugel in der Hand kommt er herbei und zaubert verschmitzt eine zweite hervor. Den Trick hat er sich mal angeeignet, denn schließlich seien vor allem Kugeln die Basis seines Zauberkastens. Früher kauften viele für ihre Kinder einen solchen zu Weihnachten, bis nach Amerika und Schweden hat Grottenthaler geliefert. Aber das habe sehr nachgelassen; heute gibt es fast nur noch Zauberkästen mit Plastikteilen. Manchmal arbeitet er an Mustern für Produkte örtlicher Spielwarenfirmen, die sie immer bei ihm anfertigen lassen, bevor die Produktion nach diesen Mustern nach Fernost geht. Neben den Mustern steht ein großer hölzerner Eierbecher, den ein Kunde für sein besonderes Vogelei in Auftrag gegeben hat. Auch Weihnachtskugeln aus Holz hat sich Frank Grottenthaler einfallen lassen. Er arbeitet mit heimischem Holz: Buche, Eiche, Lärche, Esche. Wegen der schönen Maserung verarbeitet er auch sehr gern Obstgehölze wie Kirsche, Zwetschge, Apfel oder Birne. Für ein Brandenburger Schloss sollte er einmal besondere Posamenten für die Vorhänge fertigen – der öffentliche Auftraggeber hatte niemand anderen gefunden, der das konnte. Die örtlichen Schreiner sind Grottenthalers Hauptkundschaft. Sie wollen vor allem neue Sprossen für alte Treppengeländer – dank der vielen Jahrhundertwende-Häuser geht ihm die Arbeit also nicht aus.

LAGE: Volprechtstr. 5, 90429 Nürnberg
www.holz-grottenthaler.com
Haltestelle: Gostenhof (U1)

Rose
Weihreter

Rose schafft das

NÜRNBERGS ÄLTESTE PUPPENKLINIK

Die große Welt der Puppen und Teddys, der Marionetten und Puppenküchen findet sich im kleinen Lädchen von Rose Weihreter. Die Puppendoktorin Puppen-Rose nennt auf gerade einmal zwölf Quadratmetern eine Traumwelt ihr Eigen, die nicht nur kleine Menschen begeistert. In einem der schönsten Häuser der Nürnberger Altstadtfreunde, unterhalb der Burg, hält sie von Donnerstag bis Samstag Sprechstunde für ihre Patienten. Die werden vor allem von Erwachsenen gebracht, die ihre alte Puppe aus der Kinderzeit oder ihren über die Jahre stark zerliebten Teddy vorbeibringen. Rose Weihreter kann ihnen allen helfen: Ob fehlende Augen, ausgeleierte Gummibänder in den Armen oder tiefe Löcher im Plüsch – aus ihrem reichhaltigen Ersatzteillager und mit dem passenden »Operationsbesteck« findet sie immer eine Lösung.

»Ich hatte nur eine einzige Puppe«, erzählt Rose Weihreter, »und als sie mir einmal auf den Boden fiel und zerbrach, hatte ich keine mehr.« Die im Dezember 1945 auf einem Leiterwagen geborene Puppenkünstlerin erlebt eine strenge Kindheit. Mit 18, 19 Jahren fängt sie an, mit der neuen Modelliermasse FIMO kleine Püppchen zu formen und absolviert eine Lehre als Farbtiefdruck-Retuscheurin in einem großen Druckhaus. Sie beginnt, Puppen zu sammeln, einige Zeit später kommt das Reparieren hinzu. 1977 eröffnet sie ihren Laden und macht ihr Hobby zum Beruf.

Ein paar schön angezogene Teddys sitzen um einen kleinen Tisch auf der Straße vor der Tür. Immer wieder kommen Menschen mit ihren Lieblingen zu ihr. »Ich repariere jede Puppe und jedes Stofftier«, so ihr Credo. Wollte man ihr ein teures Schmuckstück schenken, würde es sie nicht interessieren – nur eine schöne Puppe lässt ihr Herz höherschlagen.

LAGE: Untere Krämersgasse 16, 90402 Nürnberg
www.puppen-rose.de
Haltestellen: Lorenzkirche (U1), Burgstraße (Bus 36)

Pferdehaare knüpfen

WORKSHOP »HITCHEN«

Die Strafgefangenen in den amerikanischen Staatsgefängnissen wickeln als sozial sinnvolle Arbeit seit den 1880er-Jahren Pferdehaare zu Mustern. Darüber hinaus hat sich das »Hitchen« fast ausschließlich bei den Cowboys etabliert. Als die ehemalige Nürnberger Hotelmanagerin Maria Sabine Schmidt 1991 nach einem Jahr wieder aus Amerika zurückkehrt, entwickelt sie ihren eigenen Stil, stellt auf Messen aus und schreibt Anleitungsbücher, war doch das »Hitchen« in Europa noch gänzlich unbekannt.

In ihren Workshops kann man das »Hitchen« seit 1996 erlernen. Nur drei Dinge werden dafür benötigt: ein Stock, eine Schnur, die mit Zug darum gewickelt wird, und die Pferdehaarbündel aus Schweif- und Mähnenhaaren, die an die Schnur geknotet werden. Doch mit diesen wenigen Mitteln ist eine unbegrenzte Vielfalt an Mustern möglich. Am Pferdehaar liebt Maria Sabine Schmidt »die Mischung aus Robustheit und Weichheit«. Für ein schmales Armband müssen zwölf Bündel mit je zehn Haaren verbunden werden. Ein Gürtel dauert etwa eine Woche plus Vor- und Nacharbeit. Daneben können Quasten gefertigt oder Handtaschen, Spazierstöcke, Türgriffe und natürlich Sättel verziert werden.

Viel Wissen hat Maria Sabine Schmidt inzwischen zusammengetragen, z. B. dass Pferdevölker nicht mit Pferdehaar gearbeitet haben und dass trotz der indianisch anmutenden Muster die Indianervölker das »Hitchen« nicht kennen. Als einziges Fachbuch ist inzwischen ein amerikanischer Bildband über dieses Kunsthandwerk erschienen, der sie als einzige Europäerin präsentiert. Maria Sabine Schmidt freut sich über die mittlerweile zahlreichen »Hitcher« in Europa, die für mehr Mustervielfalt sorgen, als es sie in Amerika je gegeben hat.

LAGE: Untere Kieselbergstr. 4, 90429 Nürnberg
www.horsehairdesign.de
Haltestellen: Plärrer (U3), Gostenhof (U1

Gut behütet

HUTMUSEUM BRÖMME

»Es fehlt den Damen heute der Mut zum Hut«, so Horst Brömme, an seinen Kreationen kann es nicht liegen. 1964 übernimmt er in fünfter Generation das Hutmacherhandwerk und -geschäft in der Inneren Laufer Gasse. Urgroßvater Johann Brömme hatte das Geschäft 1878 nach Wanderjahren an dieser Stelle eröffnet. Horst Brömme lernt sein Handwerk von der Pike auf, sammelt Erfahrungen in Hutfabriken, Ateliers und im Fachhandel in Köln. In den 1950er-Jahren entstehen mehrere Filialen in Nürnberg und Erlangen. Sein Slogan »Ein Brömme-Hut ist immer gut« lief sogar im Frankenstadion.

2003 zum 125-jährigen Firmenjubiläum eröffnet Horst Brömme ein kleines Hutmuseum in der einstigen Werkstatt. An den originalen Werkzeugmaschinen führt er vor, wie ein Hut entsteht. Eine entscheidende Rolle spielt der Konformateur: Er misst die Kopfgröße und -form der Kundin. Bis ein Hut fertig ist, dauert es zwei Tage. Es ist ein ständiger Prozess des Erwärmens, Dämpfens, Erweichens und Trocknens. In den vergangenen 100 Jahren habe sich die Technik in diesem Handwerk kaum weiterentwickelt.

Neues Leben haucht dem traditionsreichen Laden seit 2016 nun Marie-Luise Schneider ein. Die junge Schneiderin und Modedesignerin wohnte bereits über dem Laden. Horst Brömme bietet ihr schließlich an, das Geschäft zu übernehmen, als er über 80 Jahre alt ist. Seither entwickelt sie das Geschäft mit Kreationen ihres eigenen Modelabels weiter und führt durchs Museum. Vielleicht sorgt sie ja bald wieder für mehr Mut zum Hut bei den Damen – die Herren kauften bereits vermehrt.

LAGE: Innere Laufer Gasse 33, 90403 Nürnberg
www.broemme-schneiderlein.com
Museumführung nach Voranmeldung unter Tel. 0911/47 87 80 99
oder broemme.schneiderlein@gmail.com
Haltestellen: Rathenauplatz (U2), Lorenzkirche (U1),
Wöhrder Wiese (Straßenbahn 8)

Elises Gewürze

LEBKUCHENFÜHRUNG NÜRNBERG

Duft, Genuss und Geschichte verbinden sich bei einem der wichtigsten Exportschlager Nürnbergs, dem Lebkuchen. Die Geschichte der handwerklich hergestellten Leckerei reicht bis ins 14. Jahrhundert zurück, berichtet Kunsthistorikerin Claudia Siegel-Weiß. Sie geht allerdings davon aus, dass sie zuvor schon in Klöstern hergestellt wurden. Gemeinsam mit ihren Kolleginnen Ingrid Petermann und Claudia Radtke führt sie Einheimische und Gäste historisch als Lebküchnerin gekleidet an bedeutsame Orte der Herstellung des beliebten Advents- und Weihnachtsgebäcks in Nürnberg. Bei bis zu zehn Anlaufpunkten in der Altstadt – zwischen Hauptmarkt, Kaiserburg und Sebalduskirche – können die Gäste die Geschichte des Lebkuchens erleben.

Die Herstellung des Lebkuchens wäre ohne die Nürnberger Zeidlertradition (die Honigherstellung) kaum denkbar, denn zunächst hieß das Gebäck Honigkuchen. Der Nürnberger Reichswald beheimatete eine Menge Bienenvölker, und so konnten die Hersteller der Honigkuchen aus dem Vollen schöpfen. Eine weitere Grundlage waren die vielen Gewürze, die der Handelsaustausch mit Venedig in die Stadt brachte. Nicht nur Schwarzer Pfeffer, sondern auch Muskat, Kardamom, Zimt und Nelken, Anis und Ingwer wurden als »Pfeffer« bezeichnet und aufgrund ihrer magenfreundlichen Wirkung in den Lebkuchen verbacken. Deshalb hieß er auch eine Zeit lang Pfefferkuchen. 1643 genehmigte der Rat nach langer Zeit endlich die Gründung einer eigenen Lebkuchen-Zunft.

Die berühmten Elisenlebkuchen enthalten kaum Mehl, dafür viele Gewürze, Nüsse und Mandeln. Der Legende nach ließ sich ein Lebküchner dieses Rezept einfallen, um das Leben seiner geliebten Tochter zu retten – es soll ihm gelungen sein.

LAGE: Die Lebküchnerinnen GbR, Treffpunkt für Führungen:
Altes Rathaus (Lochgefängnis), 90403 Nürnberg
www.führung-zum-lebkuchen.de
Haltestelle: Lorenzkirche (U1)

tesa

Vom Hadern und Gautschen

BEI DER PAPIEROFFIZIN IN FÜRTH

Etwas zähflüssig plätschert der Brei in den hungrigen Holländer. Dabei ist dieser Bottich nicht wählerisch: Er kann auch mit Resten alten Papiers, Flyern und Kartonagen befüllt werden. Zudem lassen sich Leinenreste, wie etwa alte Nachthemden und Tischdecken, und viele Naturfasern zu Papier verarbeiten. Eine Messerwalze zermahlt die Reste zu einem Faserbrei. Matthias Schwethelm verdünnt den Brei dann in einer Bütte und schöpft ihn mit dem Schöpfsieb ab. Durch Hin- und Herbewegen verteilt sich der Faserbrei gleichmäßig. Es folgt das Abgautschen, also das flotte Übertragen des Papiers vom Sieb auf den Filz. Zwischen den Filztüchern wird nun das restliche Wasser herausgepresst.

Der studierte Buchwissenschaftler folgt mit der Papieroffizin, einer Werkstatt zur Papierherstellung, seiner Leidenschaft. »Papier erfüllt einen gewissen Fetisch.« Immerhin hat er in Thüringen ausgerechnet in einer alten Papiermühle gelebt. Doch die historische Mühle zu sanieren, wäre zu aufwendig gewesen, meint Matthias Schwethelm. 2017 eröffnete er deshalb seine Werkstatt in Fürth und stellt nun hochwertige Spezialpapiere nach Kundenauftrag her.

Was es mit den Hadern, dem Bauscht und dem Wasserzeichen auf sich hat, das erzählt der Papierhersteller auch bei seinen Workshops und Veranstaltungen rund um Schöpfhandwerk und Papierherstellung. Es gibt Einsteigerkurse zum Hineinschnuppern; während eines Zwei-Tages-Kurses lassen sich aber auch die »Grundlagen des Papierschöpfens, von der Faseraufbereitung über das Schöpfen, Abgautschen und Pressen bis zum Trocknen der Bogen und Blätter« erlernen.

LAGE: Lange Str. 87, 90762 Fürth
www.papieroffizin.de
Haltestelle: Fürth-Stadtgrenze (U1)

Alte Lettern, neue Freude

DIE BUCHWERKSTATT IN RÜCKERSDORF

Ein unscheinbares Hinweisschild mit der Aufschrift »Die Buchwerkstatt« am Gehsteigrand der Hauptstraße in Rückersdorf weist den Weg. Zwischen Sandstein und Holzbalken eröffnet sich dann eine Welt aus alten Schränken, Schneide- und Pressmaschinen, Papierrollen, Kisten, Boxen, Lettern und bunten Papeterie-Waren. Karin Fleischmann richtete sich 1997 in dem alten Sandsteinhaus ihrer Großmutter eine Werkstatt als selbstständige Buchbindermeisterin ein. Nach dreijähriger Lehre für Einzelfertigung und Arbeit in einer Industriebuchbinderei und einer Druckerei hatte sie mit 21 Jahren den Meistertitel in der Tasche.

Buchdeckel, Einbände und anderes bezieht sie mit Papier, Leder, Stoff, Holz oder sogar Pergament. In ihrer Werkstatt lagert eine ganze Wand voller Papiere, darunter Lederpapier und Elefantenhaut, sogar Papiere von vor 1945. In anderen Schränken verbergen sich alte Bleilettern, die das Verkehrsmuseum Nürnberg vor Jahren ausgemustert hat. Das Prägen mit Lettern in Silber- oder Goldfarbe eines Titels auf Buchrücken oder Vorderseite gehört zum Handwerk.

Ihre Kunden wollen nicht nur Bücher, wie z. B. eine uralte Bibel, repariert haben. Sie fertigt auch individuelle Gäste-, Notiz- und Tagebücher, bindet Zeitschriften und Fachliteratur. Neben Privatleuten kommen öffentliche Auftraggeber, Rechtsanwälte und Steuerkanzleien zu ihr. Karin Fleischmann erinnert sich an einen besonderen Auftrag einer Privatkundschaft: »Ich sollte eine Urkunde in Samt mit Wachssiegel in silberner Kartusche reparieren, in der ein Adelstitel verliehen wurde.«

LAGE: Hauptstr. 53, 90607 Rückersdorf
www.die-kleine-buchwerkstatt.de
Haltestellen: Rückersdorf-Ludwighöhe (RB 58517), Röthenbach-Steinberg (S1)

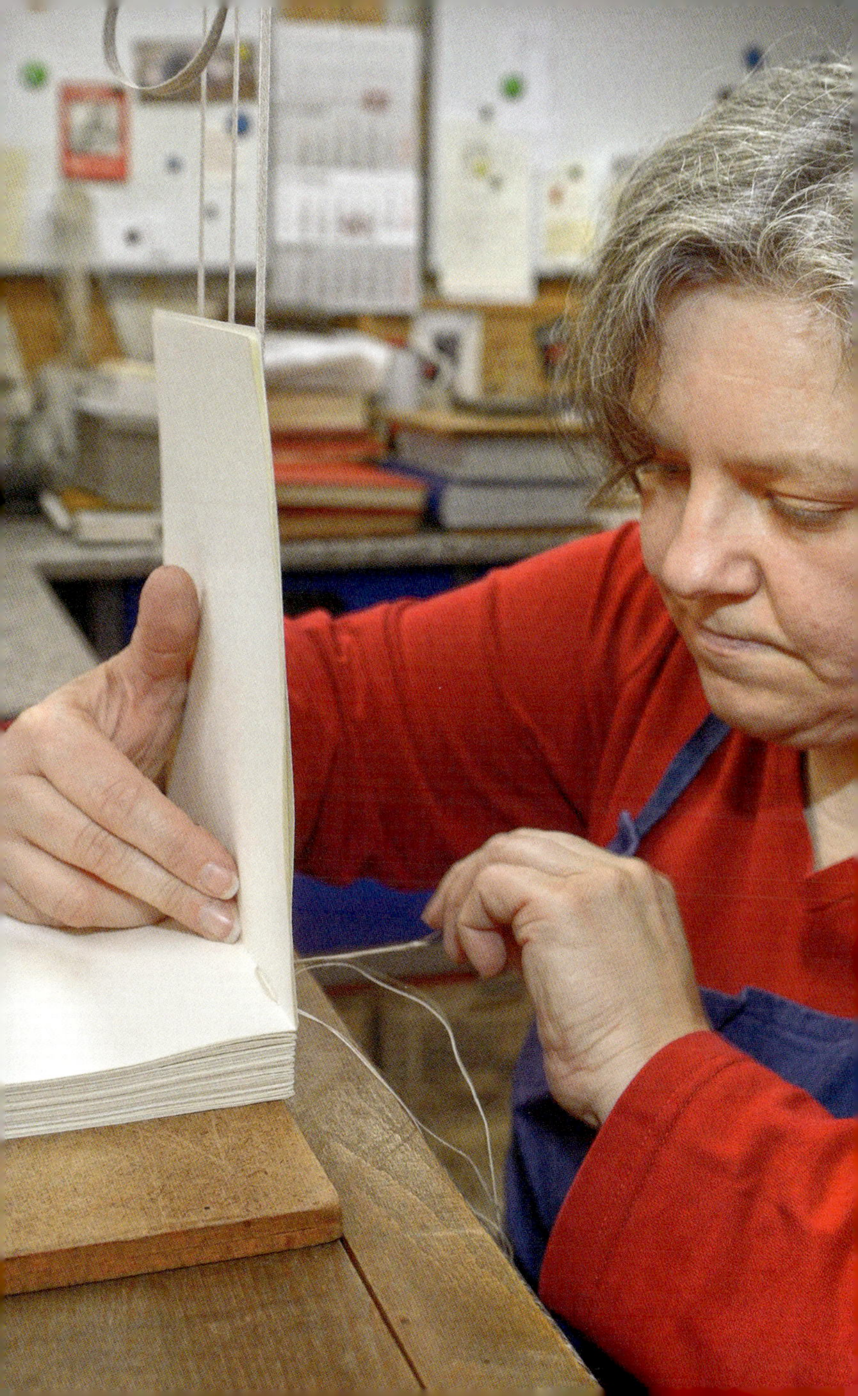

Savion
Haarseife
Savion
Sportler- & Reiseseife
Savion
Hairpower

Seifen müssen reifen

SEIFENMANUFAKTUR SAVION IN HAPPURG

Ein unwiderstehlicher Duft umschmeichelt die Nase. Die kleine, feine Seifenmanufaktur Savion in Happurg östlich von Nürnberg lädt ein, Neues für Körper und Haar auszuprobieren. Seifen mit Lavendel und wertvollem Arganöl, dem Duft von Nelken, Zimt und Rosen, aus Ziegen- und Schafsmilch, für die Rasur, die Wäsche, ja sogar fürs Hundefell.

Ein Seifenladen in London inspirierte 1999 das Paar Doris Henning und Steffen Krug. »Das hat uns irgendwie berührt«, erinnert sich Steffen Krug. »Wie macht man eigentlich Seife?«, fragten sie sich. Der erste Fünf-Liter-Eimer wird im heimischen Keller zusammengerührt; zuvor recherchiert, wo es die wertvollen Fette und guten ätherischen Öle gibt. »Bis Seife reif ist, müssen mindestens fünf Wochen vergehen.« Der zweite Eimer wird gefüllt, dann der dritte. Die ersten Produkte werden begeistert im Bekanntenkreis verschenkt. Doch bis die Schriftsetzerin und der Grafiker mit eigenem Büro eine Seifenmanufaktur gründen, dauert es bis 2004. Sie verkaufen ihre Kreationen auf immer mehr Märkten. Im eigenen Zuhause erweitern sie die Produktionsräume, bis sie 2017 eine ehemalige Gastwirtschaft in Happurg finden, die ihnen nun als Manufaktur und Verkaufsort dient.

Doris Henning und Steffen Krug fertigen gemeinsam mit zwölf Angestellten ihre Seifen aus Zutaten aus kontrolliert biologischem Anbau und nahezu plastikfrei. »Wir produzieren vom Einkauf über die Verpackung bis zum Versand so umweltgerecht wie möglich.« Der Renner seien die Haarseifen. Inzwischen beliefern sie so viele Bio- und Unverpacktläden, dass sie an ihre Grenzen gelangt sind. Ausbauen werden sie trotzdem nicht. »Wir wollen ein kleiner, feiner Betrieb bleiben, in den auch unsere Mitarbeiter morgens mit Freude kommen«, sagt Steffen Krug zufrieden.

LAGE: Hauptstr. 23, 91230 Happurg
www.savion.de
Haltestellen: Happurg-Marktplatz (Bus 334), Happurg (S1)

Europas größte Barockveste

FESTUNG ROTHENBERG IN SCHNAITTACH

Mit über 22 Meter hohen Wällen ragt die Festung Rothenberg empor. Architektur, unterirdische Kasematten und der Ausblick von der größten Barockveste Europas lohnen eine Besichtigung. Schon 1254 wird bei der Vorgängerburg ein Hilpold von Rothenberg genannt, informiert die Bayerische Schlösserverwaltung. Über die Burggrafen von Nürnberg gelangte Kaiser Karl IV. an die Burg. 1478 wurde sie von 44 fränkischen Rittern als Ganerbschaft erworben, die sich Fehden mit Nürnberg lieferten. Die 1760 fertiggestellte Anlage entsprach der damaligen europäisch-französischen Festungsbaukunst. Nach Gründung des Königreichs Bayern 1806 durch Napoleon verlor sie ihre Bedeutung als »churbayerischer Stachel« in der Freien Reichsstadt Nürnberg.

LAGE: Festung Rothenberg, 91220 Schnaittach
www.heimatverein-schnaittach.com
Haltestellen: Abzw. Enzenreuth (Bus 342),
Bhf. Schnaittach (RB 58577)

Holz und Haar

PINSEL- UND BÜRSTENMUSEUM BECHHOFEN

Ein besonderes Handwerk kann man in Deutschlands einzigem Pinsel- und Bürstenmuseum in Bechhofen erleben. Die kleine Gemeinde im Landkreis Ansbach wurde zu einem der wichtigsten Bürstenherstellungszentren weltweit, als sich Schreinergeselle Johann Caspar Bühler 1789 dort niederließ und sein handwerkliches Geschick für die neue Pinselfertigung anwendete. Holz sei der wichtigste Werkstoff dafür, meint Bürstenmachermeister Hans Zahn. Aber auch jedes Haar ist bedeutsam. Gutes Rotmarderhaar – für Künstlerpinsel verwendet – entspricht in seinem Wert dem des Goldpreises. Bis heute werden qualitativ hochwertige Bürsten und Pinsel teilweise von Hand gefertigt. Mit mehr als 2500 Exponaten wird im Museum die Herstellung vom Rohmaterial bis hin zu den fertigen Bürsten und Pinseln erklärt. Der Unterschied: Ein Pinsel hat eine Quaste, eine Bürste mehrere.

LAGE: Dinkelsbühler Str. 23, 91572 Bechhofen an der Heide
www.pinselmuseum-bechhofen.de
Haltestelle: Ansbach, dann Ruf-Bus 803 (Tel. 0911/270 75 99) bis Bechhofen

Die Kelten kommen

GESCHICHTSDORF LANDERSDORF

Die Keltenwürste sollen gut sein. Auch Plätzchen aus der Zeit der Kelten gibt es. Und Keltenbier natürlich! Jeden dritten Sonntag im September wird im Geschichtsdorf Landersdorf das Keltenfest gefeiert, ausgerichtet von der Naturhistorischen Gesellschaft Nürnberg und dem Verein für Vor- und Frühgeschichte Landersdorf e. V. Als Kelten gekleidete und als Krieger in entsprechender Rüstung auftretende Personen zeigen auf anschauliche Weise, wie deren Leben ausgesehen haben könnte. Sie spinnen und färben Wolle, backen Plätzchen und fertigen Schmuck.

Im Ortsteil von Thalmässing im Landkreis Roth lässt das kleine Museumsdorf die Geschichte der Einwohner Süddeutschlands vor 1200, 2500 oder 4000 Jahren nacherleben. Das Geschichtsdorf kann über das Fest hinaus zu jeder Zeit besucht werden. Es zeigt originalgetreue begehbare Rekonstruktionen eines Steinzeit-, eines Kelten- und eines Bajuwarenhauses. Funde aus dem Landkreis Roth erzählen vom menschlichen Leben von der mittleren Steinzeit bis in die Hallstatt- und die keltische La-Tène-Zeit. Die ältesten Hinweise auf eine Besiedlung um Landersdorf stammen aus der Jungsteinzeit, wo die Menschen sesshaft wurden, Häuser bauten und Landwirtschaft betrieben. Seit 2013 zeigt das »Fundreich Thalmässing« Interessantes aus Leben und Kultur der Vergangenheit. Das Geschichtsdorf Landersdorf wurde zusammen mit dem Archäologischen Museum Thalmässing und dem Archäologischen Wanderweg darin eingebunden. Dazu gehören drei reizvolle Themenwanderwege: Vorgeschichts-, Kelten- und Mittelalterweg. Hilfreich ist die Entdecker-App, kostenlos im Google- oder Apple PlayStore unter »Landkreis Roth« bzw. »EntdeckerApp« erhältlich.

LAGE: Landersdorf 28, 91177 Thalmässing
www.urlaub-roth.de
Haltestelle: Thalmässing-Landersdorf (Bus 596)

Bestseller
Catch of the day

BIER

Die coole Kleine

STIMMUNG IN DER MATA HARI BAR

Es ist eng, ein wenig stickig, aber urgemütlich. In »Nürnbergs kleinster schönster Bar« in der beliebten Weißgerbergasse fühlen sich Menschen von etwa Mitte zwanzig bis Mitte sechzig wohl. Die Getränkeauswahl beurteilen die vielen begeisterten Stammgäste als »riesig«. Die Betreiber sorgen mit geschickter Publikumsansprache dafür, dass statt lärmiger Action eine gelöste Stimmung herrscht. Junggesellenabschiede werden nicht zugelassen – was nicht heißt, dass nichts los wäre. Im Gegenteil: Regelmäßig stehen Live-Konzerte im Kalender oder sind »DJs mit Vinyl und CDs« am Werk. Überwiegend Anhänger eher rockiger Gitarrenmusik finden hier ihr akustisches Glück. Geht der DJ zu Werke, kann man ein kleines, aber feines Detail beobachten: An der Wand hängt ein Telefonhörer, den besagter DJ sich immer wieder ans Ohr hält. Befragt nach seinen sonderbaren, kurzen Telefonaten in dieser Umgebung, klärt er auf: Er höre sich damit das nächste Lied an, das er spielen will.

Warum nun ausgerechnet der Name Mata Hari? Eine junge schöne Frau, Linda, übernimmt 1994 das Lokal »Die Kneipe«. Als sie sich einen neuen Namen überlegen will, fragt sie auch ihre meist männlichen Stammgäste. Einer meint dann, sie sei doch wie Mata Hari – die Männer lägen ihr zu Füßen, und jeder höre auf sie … Und immer noch fragen Leute nach Linda, die nun schon seit vielen Jahren nicht mehr da ist. Seit 2002 schon heißt der Betreiber Stephan Schulz, und der ist stolz auf diese lange Zeit. Auch die Mitarbeiter sind überwiegend ehemalige Gäste – also eine Mata-Hari-Familie, die ihr Wohnzimmer mit den richtigen Leuten füllt und ihnen auch morgens um vier bei bester Stimmung noch Sandwiches serviert.

LAGE: Weißgerbergasse 31, 90403 Nürnberg
www.mataharibar.de
Haltestellen: Lorenzkirche (U1), Plärrer (U2), Hallertor (Straßenbahn 6 und Bus 36)

Veganes mit Samtpfote

IM KATZENTEMPEL NÜRNBERG

Bevor man in das Reich der momentan sechs Katzen eintreten darf, muss man kurz in einer Schleuse warten – zu schnell könnte sonst einer der Stubentiger unbemerkt durch die Türen entwischen. Glücklicherweise haben die meisten Gäste Verständnis für die notwendigen Regeln, und oft ist jeder Platz des ungewöhnlichen Lokals besetzt. Deshalb wird empfohlen, besonders an Wochenenden Plätze zu reservieren.

Wolfgang Bayer ist seit 2017 Lizenznehmer des ersten Katzentempels in Nürnberg. Initiatoren sind die Katzenliebhaber Thomas Leidner und Kathrin Karl, einst erfolgreich als Investmentbanker bzw. promovierte Biochemikerin tätig. Auf der Suche nach einer sinnvolleren beruflichen Aufgabe entstand die Idee eines Lokals mit selbst zubereiteten veganen Gerichten – und Katzen, die um den Gast herumstreifen. Alle Samtpfoten stammen aus dem Tierschutz und haben einen Rückzugsraum im Lokal, der für Gäste tabu ist. Man darf die Tiere nicht hochheben, gern aber streicheln und mit ihnen spielen, solange sie es zulassen.

Während man Bohnen-Chiasamen-Burger, das Tempelsandwich mit selbst gebackenem Dinkelbrot oder selbst gemachten Kuchen mit Chai-Latte oder einer »Goldenen Milch« genießt, springen Joshi oder Lucky auf den Katzenhochsitz neben einem. Hoch über dem Gast jagt Siamkatze Samira dem Kater Stan hinterher. Lässt eine der Katzen dann huldvoll Streicheleinheiten über sich ergehen, ist man selig. Gelöst verlassen Jung und Alt, Familien mit Kindern und junge Pärchen das Lokal und planen schon den nächsten Besuch.

LAGE: Peter-Vischer-Str. 21, 90403 Nürnberg
www.katzentempel.de
Haltestellen: Lorenzkirche (U1), Marientor (Straßenbahn 8)

Sommer in der Stadt

BIERAMT IM CAFÉ WANDERER

»Treffen wir uns beim Wanderer?« Der Treffpunkt unterhalb der Burg gehört zu Nürnberg wie Lebkuchen und Männleinlaufen. »Beim Wanderer« meint noch viel mehr, als sich gemütlich in die lauschige Ecke an einen der Tische zu setzen mit Blick auf Dürer-Hase, Dürer-Museum und das Pflaster, das an lauschigen Sommerabenden komplett belagert ist von jungen Leuten und Junggebliebenen. Im Café Wanderer gibt es sowohl Kuchen als auch Weißwürste und Schmalzbrot und allerhand interessante Brände und Geiste. Besonders kümmert sich Inhaber Christoph Zielke aber ums Bier, »Bieramt« genannt. Er hält nicht nur eine große Auswahl klassischer und moderner Biere bereit, sondern wechselt mit einem »Bierfahrplan« auch wöchentlich durch. Die Stimmung ist allzeit lässig, freundlich, zeitlos. Man sitzt da und schaut einfach. Man könnte noch zwei Tage so sitzen.

LAGE: Beim Tiergärtnertor 6, 90403 Nürnberg
www.cafe-wanderer.de
Haltestellen: Lorenzkirche (U1), Friedrich-Ebert-Platz (U3), Tiergärtnertor (Straßenbahn 4)

Ananas und Basilikum

DIE KLEINE EISMANUFAKTUR

»Ein paar Tage werde ich auch im Winter öffnen«, meint Josee Boucher mit französischem Akzent. Im Sommer sorgt die Kanadierin mit ihren Eisköstlichkeiten für lange Schlangen vor ihrem Laden. Über 400 begeisterte Google-Rezensionen sprechen für sich: Mit Eiskreationen wie Johannisbeer-Sorbet, einer tief dunklen Mousse au Chocolat oder den veganen Sorten Bacio und Mango-Kokos trifft sie ganz den Geschmack ihrer zahlreichen Gäste. Am begehrtesten sei das Crème-brûlée-Eis. Inspiriert hat Josee Boucher ein Besuch auf Sardinien – dort entdeckte sie, wie richtig gutes Eis schmeckte. Bei einem Gelato-Meister in der Toskana lernt Josee Boucher das Handwerk und eröffnet dann 2015 ihren Laden in Nürnbergs Altstadt. Sie legt großen Wert auf Bioqualität, auf Handarbeit und feinste Zutaten, wie z. B. Nüsse aus Persien. »Im Winter denke ich dann über neue Sorten nach.«

LAGE: Weißgerbergasse 28, 90403 Nürnberg
www.facebook.com/diekleineeismanufaktur
Haltestellen: Lorenzkirche (U1), Plärrer (U2), Hallertor (Straßenbahn 6, Bus 36)

Das Mittelalter verkosten

ALTE KÜCH'N & IM KELLER

Wo kann man schon altgermanischen Met im Stierhorn genießen, gemeinsam mit anderen »Weibs- und Mannsleut«? Das urige Lokal Alte Küch'n & Im Keller in der Nürnberger Altstadt versetzt die Gäste zurück ins 12. Jahrhundert, in Ritters Zeiten. Gegessen wird mit dem Stielmesser und: mit den Händen natürlich! Im historischen Klosterkeller mit seiner dunkelbraunen Holzvertäfelung, den zahlreichen Schilden und Ritterrüstungen rundherum und dem Barden, der seine Bänkel vorträgt, fühlt man sich gleich ein wenig »historisch«. Zur Abrundung darf sich jeder einen großen weißen Sabberlatz umbinden (unbedingt nötig).

Gleich zwei Restaurants führt Familie Ruthardt in dem Gebäude in der Nähe der Burg, in zweiter Generation. Das Gebäude besitzt noch immer den Grundriss von ca. 1498. Der Sandstein-Gewölbekeller mit dem Restaurant stammt aus dem 12. Jahrhundert. Die Betreiber können sich vorstellen, dass es einstmals sogar einen unterirdischen Gang bis zur Burg gab. Wie so viele Gebäude wurde auch dieses im Zweiten Weltkrieg schwer beschädigt und in den 1950er-Jahren allmählich wieder aufgebaut. Vor allem mit ihren guten, weil selbst gemachten »Baggers« (Kartoffelpuffern) machte sich die Familie bald einen Namen.

Möchte man neben der fränkischen und der internationalen Küche in ein Stück Mittelalterwelt eintauchen, kann man entweder das achtgängige Ritter- oder das Kaiseressen buchen, musikalische Unterhaltung durch einen Barden und Rahmenprogramm inklusive. Kredenzt werden u. a. Wein-Fleischsülze, Flugwachtel und Apfelküchle. Übrigens: Wer nicht folgt, kommt in die »Schandgeige«.

LAGE: Albrecht-Dürer-Str. 3, 90403 Nürnberg
www.alte-kuechn.de
Haltestellen: Lorenzkirche (U1), Burgstraße (Bus 36)

Rauch und Schottenkaro

HOCHWERTIGES WHISKY-TASTING

Es riecht nach Holz, Rauch und Whisky. An großen Eichentischen sitzt man, umgeben von meterlangen Regalwänden voller unterschiedlicher Whiskyflaschen, wenn man in Nürnberg ein qualitativ hochwertiges Whiskyseminar besucht. Die Gelbes Haus – Whisky- und Spirituosenschule, gegründet von Oliver Kirschner, befindet sich in den Kasematten der Nürnberger Stadttormauer. Reinhard Engel von der Hausbrauerei Altstadthof stellt dort Tür an Tür in seinem Whiskylager den Organic Single Malt Ayrer's her. Riechen Sie es?

Dorthin laden die leidenschaftlichen Whiskykenner Wolfgang Veitel und Thomas Monique vom Gelben Haus ihre Teilnehmer zu fünf Kursen mit verschiedenen Themen aus der Whisky-Welt ein. »Frauen sind zwar noch in der Minderheit, aber wir freuen uns sehr, wenn welche dabei sind, sie haben die feinere Sensorik dafür.« Die beiden beschäftigen sich seit 30 Jahren mit Whisky. »Das sind nicht einfach nur Verkostungen, sondern wir geben ganz viel Wissen weiter: wie der Whisky hergestellt wird, über die Länder, aus denen er kommt, usw.« Die etwa 20 Seminare pro Jahr sind regelmäßig ausgebucht. Für jedes überlegen sich die beiden eine passende Auswahl: »Wir schenken keinen Whisky doppelt aus.« Und räumen mit den typischen Irrtümern auf, die es zu dem Getränk gibt: Z. B. ist ein Whisky mit dunkler Farbe nicht automatisch älter und besser, und der beste Whisky kommt heute nicht mehr automatisch aus Schottland. Bei ihren Seminaren geht es vor allem darum, Aromen zu differenzieren. Genuss, für den man sich Zeit und Muße nehmen sollte. Veitel und Monique sind Mitglieder des Whisky-Clubs The Most Venerable Order of the Highland Circle, kurz: Highland Circle – laut eigener Aussage der älteste und größte Club seiner Art in Deutschland.

LAGE: Johannisstr. 40, 90419 Nürnberg, www.gelbes-haus.de, Seminare in der Whisky- und Spirituosenschule, Neutormauer 3a
Haltestellen: Lorenzkirche (U1), Hallertor (Straßenbahn 6, Bus 36)

Zwischen Pub und Ballsaal

BÄCKERHOF NÜRNBERG

»Früher war der Bäckerhof ein Begriff«, so Katharina Böhm, die gemeinsam mit John Farley das geschichtsträchtige Lokal (hinter dem Polizeipräsidium Mittelfranken) betreibt, das schon vor dem Zweiten Weltkrieg der Bäckerinnung gehörte. Im Erdgeschoss lädt der Englische Pub mit Kneipe und Fußball zum Besuch ein. Das Prunkstück aber ist der historische Ballsaal im ersten Stock mit Cocktailbar: »Das ist das Schönste für mich, wenn die Leute die Treppe heraufkommen, da gibt es eine bestimmte Stelle, an der alle stehen bleiben und auf den Kronleuchter schauen und staunen«, schwärmt sie. Tastings von Gin bis Whisky, Modenschauen, Firmenfeiern, Hochzeiten usw. finden hier den richtigen Rahmen. Zukünftig ist noch ein Biergarten geplant.

LAGE: Schlehengasse 2, 90402 Nürnberg
www.baeckerhof-nuernberg.de
Haltestelle: Plärrer (U3)

Fränkische Wirtshauskultur

GASTHAUS ZUM ROCKENBRUNN IN RÖTHENBACH

Versteckt im Wald zwischen Haimen- und Diepersdorf begeistert das Gasthaus zum Rockenbrunn seit über 150 Jahren seine Gäste mit fränkischer Wirtshauskultur. Im Brunnen im Innenhof, einer ehemaligen Quelle, wurde früher der »Rocken« (Flachs, Leinen) gewaschen. Fische schwimmen immer noch darin. Einmal im Jahr, Mitte August, zeigt das vom Wirt aufgestellte Rockenmännchen im Blütenkranz fünf Tage lang an, dass wieder Zeit für die Kult-Kirchweih des Nürnberger Lands ist: Das Rockenmännchen stellt einen Bauern in fränkischer Tracht um 1800 dar, der den Rockenstab mit aufgewickeltem Flachs in der Hand hält. 2019 feierten Besucher aus Nah und Fern die 35. Kirchweih.

LAGE: Rockenbrunn 1, 90552 Röthenbach a. d. Pegnitz
https://zumrockenbrunn.de
Haltestelle: Bhf. Röthenbach, weiter mit Bus 331

Schamel
HER
PRODUKTION FRÜHER
Abfüllen um 1950
PRODUKTION FRÜHER
Abfüllen um 1970
PRODUKTION FRÜHER
Reibemaschine
PRODUKTION FRÜHER
Verpacken um 1970

Der scharfe Franke

MEERRETTICH-MUSEUM BAIERSDORF

Sie reizt zu Tränen, beißt in der Nase und wird trotzdem in vielen Teilen der Welt geliebt: Es geht um die Meerrettichwurzel, die vermutlich aus Südosteuropa in die deutschsprachigen Gebiete kam. Am europäischen Meerrettichanbau hat Baiersdorf einen bedeutenden Anteil. Markgraf Johann der Alchemist (1406–64), Bruder des Markgrafen von Brandenburg, lässt dort erstmalig aus Südosteuropa mitgebrachte Meerrettichsetzlinge pflanzen. So beginnt der Anbau der hochwirksamen Knolle in Mittel- und Oberfranken. Um 1930 herum gilt Mittelfranken als das weltgrößte Anbaugebiet der schmackhaften Wurzel.

Bereits um 1755 exportieren die Baiersdorfer den Meerrettich in großen Fässern auf Schiffkähnen in alle Welt. Nachdem Johann Wilhelm Schamel 1846 die Tochter eines Baiersdorfer Kren-Händlers heiratet, beginnt er im gleichen Jahr, einen Meerrettichgroßhandel aufzubauen. Er sammelt Rezepte und Kenntnisse rund um die scharfe Wurzel und begründet ein weltweit anerkanntes Unternehmen, das 2007 als »Marke des Jahrhunderts« ausgezeichnet wurde. Schamel ist mittlerweile mit über 30 Prozent Marktführer in diesem Bereich in Deutschland. Als die Firma 1996 auf 150 Jahre Firmengeschichte zurückblicken konnte, gründete sie gemeinsam mit dem Heimatverein Baiersdorf das »schärfste Museum der Welt«.

Der Anbau von Kren, wie Meerrettich im Süden heißt, gilt als Sonderkultur. Da er viele Stoffe aus dem Boden holt, muss sein Anbau immer wieder umschichtig erfolgen; nur alle drei Jahre darf auf demselben Feld angebaut werden. Aber sehen Sie sich am besten selbst an, wie viel Aufwand und Zeit notwendig sind. Und nicht vergessen: Kosten Sie!

LAGE: Judengasse 11, 91083 Baiersdorf
www.schamel.de
Haltestelle: Baiersdorf (S1)

Prickelnde Kirschen

KALCHREUTHER KIRSCH-SECCO

Im Städtedreieck von Nürnberg, Fürth und Erlangen beginnt das größte Anbaugebiet von Süßkirschen Europas. Das Kirschendorf Kalchreuth, dessen Name sich vom kalkhaltigen Untergrund der Region ableitet, ist aufgrund seiner landschaftlich schönen Lage vor allem bei Ausflüglern aus dem Umland begehrt.

Doch seit den 1960er-Jahren ging in Franken jeder zweite Obstbaum verloren, so die Anbietergemeinschaft Kalchreuther Kirschgarten. Um die biologisch wertvollen Streuobstwiesen mit den typischen und seltenen Hochstämmen zu erhalten, schlossen sich 2009 Bund Naturschutz, Bezirk, Landkreis und Gemeinde sowie elf Kirschbauern zur Anbietergemeinschaft Kalchreuther Kirschgarten zusammen. Da die alten Kirschsorten wie die Schöne von Marienhöh oder Hedelfinger nicht die gewünschte Optik für den normalen Verkauf haben, entstand die Idee, neben Marmelade, Likör und Schnaps ein ganz besonderes Produkt anzubieten: Sie kreierten den Kirsch-Secco. Mehrmals erhielten die Kirschbauern dafür bereits eine Auszeichnung.

Das prickelnd-süße Getränk und die anderen köstlichen Kirschprodukte lassen sich am besten zur Kalchreuther Kerschterkerwa probieren. Die erstmals im Jahr 1855 erwähnte Kirschen-Kirchweih wurde 2004 wiederbelebt. Jedes Jahr am ersten Sonntag im Juli strömen viele Familien in die Kirschgärten an der Erlanger Straße – allein im Jahr 2019 waren es 3000 Menschen. Seit 2005 gibt es zusätzlich einen Kirschen-Lehrpfad. Ein Fest für die Sinne ist die jährliche »Bläih«, wie die Kirschbaumblüte hier heißt. Am besten lässt sich diese auf dem Kirschblütenwanderweg unter den zuckersüß duftenden Kirschbäumen genießen.

LAGE: Wanderparkplatz Kalchreuth, 90562 Kalchreuth
www.kalchreuther-kirschgarten.de
Haltestelle: Kalchreuth (Gräfenbergbahn)

Coca-Cola

Tucher

Ausgezeichnetes Seelenfutter

FISCHKÜCHE RECK IN MÖHRENDORF

Von Mittag bis Abend ist die Fischküche Reck in Möhrendorf bei Erlangen im Sommer ein gefragtes Ziel; eine Reservierung empfiehlt sich und ist auch unkompliziert online möglich.

Essen für die Seele – fränkisches Soulfood, nennt Inhaberin Doris Reck-Hartmann ihr Konzept. Sie interpretiert Fränkisches zeitgemäß und hat sich dabei der Frische und regionalen Produkten verschrieben. Sie kooperiert mit dem Teichwirt, dem Metzger und den Gemüsebauern des Ortes. Je nach Saison gibt es Karpfen-, Spargel- und Matjesgerichte. Zanderfilet mit Knoblauch und Mandeln, Schnitzel mit hausgemachtem Kartoffelsalat und heißen Apfelstrudel gibt es hingegen immer. Zur Karpfensaison schmecken im Biergarten am Oberndorfer Weiher neben mehreren Karpfenvarianten ein gebratenes Spanferkel-Karree in Zwiebelsoße auf Fenchel-Melonen-Gemüse mit gebratenen Süßkartoffelgnocchi. Darf es zum Nachtisch ein Zwetschgenkuchen aus saftigem Marzipanteig mit Sahne sein? Als Getränk locken z. B. Ingwersirup mit leichter Schärfe oder der »Heiße Hirsch« mit Bitter Lemon, Maracujasaft und Orange.

Als Zusatzservices gibt es verschiedene Kinderstühle, Lesebrillen und ein Handy- und Tablet-Ladesystem. Neu sind die Weinverkostungsabende »la Cantinetta«. Doris Reck-Hartmann hat außerdem 2018 die Auszeichnung als »Familienfreundlichstes Unternehmen Bayerns« erhalten sowie den Preis »Zu gut für die Tonne – gegen Lebensmittelverschwendung«.

LAGE: Oberndorf 7, 91096 Möhrendorf
www.fischkueche-reck.de
Haltestelle: Möhrendorf-Mitte (Bus 254)

Heißer Bohnenzauber

KAFFEERÖSTEREI BOGATZ IN FORCHHEIM

Überrascht seien die meisten, wenn die Kaffeebohne beim Rösten nicht nach Kaffee, sondern eher nach frischem Brot dufte, erklärt Constanze Bogatz. Sie führt mit ihrem Mann Dieter Bogatz seit 2010 die Kaffeerösterei in Forchheim. Ihr Publikum laden sie auch auf Seminare ein, bei denen dem Röstprozess zugeschaut, den Erklärungen zu Herkunft, Sorten und Qualität gelauscht, Fragen gestellt und selbstverständlich ein leckeres Tässchen Kaffee oder Cappuccino getrunken werden kann. »Wir wollen unseren Kunden zeigen, wie die handwerkliche Produktion bei uns funktioniert und wie viel Zeit und Liebe da drinsteckt«, so die Inhaberin.

Constanze und Dieter Bogatz sind studierte Lebensmitteltechnologen; er absolvierte zuvor das Bäckerhandwerk und sie eine Ausbildung in der Süßwarenindustrie. Ihre Kaffeebohnen beziehen sie von Händlern aus Norddeutschland, die sich auf kleine und mittelständische Röstereien spezialisiert haben. Bei ihren etwa 45-minütigen bis zu zweieinhalbstündigen Röstseminaren sehen die Teilnehmer (»da haben eher Männer eine Affinität dazu«) einem kompletten Röstprozess zu. Industriell geröstete Kaffeebohnen werden zum schnellen Abkühlen mit einem feinen Wassernebel eingesprüht; dadurch verlieren sie zwar schnell an Temperatur, saugen aber wieder Wasser auf (5 % an Restfeuchte sind erlaubt). Das macht die Rösterei in Forchheim anders, und so entstehen ihre besonderen, sehr beliebten Kaffeesorten. Ihr liebster Kaffee sei übrigens einer, der kaum noch wie Kaffee aussehe, aber ein wunderbares Jasminaroma habe, schwärmt Constanze Bogatz.

LAGE: Holzstr. 10, 91301 Forchheim
www.kaffeeroesterei-bogatz.de
Haltestellen: Forchheim (RB 59382), Katharinenspital (Bus 206)

GIESEN

KAFFEE-RÖSTEREI
Bogatz

Buntes Gartenfrühstück

STAUDENCAFÉ AUGUSTIN IN EFFELTRICH

Es ist ein wenig wie in einem Film mit südfranzösischem Flair: Das Team der Staudengärtnerei Augustin in Effeltrich nordöstlich von Erlangen hat ein Café zum Träumen eingerichtet. Aus dem salbeigrünen Gartenpavillon fällt der Blick durch buntverglaste Fenster – die tatsächlich vom Flohmarkt in Paris stammen – auf die Gärtnerei. Die gläsernen Kuchenhauben auf der Theke, die Korbsessel und ein Kachelofen sorgen für eine unvergleichliche Atmosphäre. Hier lassen sich neben frisch gebackenen Kuchen mit Kaffee auch herzhafte Flammkuchen, vegetarische Suppen und selbst gemachte Brotaufstriche genießen. Etwas ganz Besonderes ist das Frühstück, z. B. das große Gartenfrühstück, das man auf Vorbestellung serviert bekommt. So arrangiert auf wunderbarem buntem Geschirr, mit Blüten und Kräutern, bekommt man es selten.

Wie sehr es auf das Wie der liebevollen äußeren Gestaltung ankommt, damit es auch innerlich erfreut, spürt man hier deutlich. Darüber hinaus lädt fachkundiges Personal regelmäßig zu Kursen über richtigen Staudenrückschnitt, das Kräuteranpflanzen oder die Beetgestaltung ein. Auch Konzerte mit kubanischer Musik oder Flamenco faszinieren regelmäßig.

LAGE: Neunkirchener Str. 15, 91090 Effeltrich
www.stauden-augustin.de/cafe
Haltestellen: Bhf. Baiersdorf, dann Bus 208 bis Effeltricher Linde

Schäufele und Walberla

GASTHOF UND BRAUEREI ALT IN DIETZHOF

Die Sehnsucht nach dem Alten, Ursprünglichen, Traditionellen wird in der Gastwirtschaft Alt in Dietzhof, am Fuß des Walberla, bestens bedient. Denn die Wirtsstube mit der alten Balkendecke ist seit den 1940er-Jahren unverändert geblieben. Einst stand an der Stelle des jetzigen Fachwerkhauses ein Wasserschloss, das Sitz eines Adelsgeschlechts war. Seit 1886 gehört es der Familie Alt, die den Gasthof mitsamt einer kleinen Brauerei nun in fünfter Generation betreibt. Der Gasthof wurde 2012 sogar vom Guide »Bayern für Genießer« empfohlen.

Ausgesucht und gut sind die typisch fränkischen Speisen im Hause Alt. Und: Man serviert dort den begeisterten Gästen Klassiker wie Sauerbraten, Rindsroulade oder Bratwürste in großen Portionen – vor allem das berühmte Schäufele füllt den ganzen Teller aus. Zusätzlich braut Familie Alt das Bier selbst.

LAGE: Dietzhof 42, 91359 Leutenbach
www.brauerei-alt.de
Haltestelle: Dietzhof-Mitte (Bus 223)

Blütentorte und Rosen-Secco

TÖPFEREI-CAFÉ KUNZMANN IN GRÄFENBERG

Fast noch ein Geheimtipp ist das abseits gelegene Töpferei-Café Kunzmann im Gräfenberger Ortsteil Neusles. Es vereint liebevoll gestaltete Töpfereiwaren mit köstlichen hausgemachten Kuchen und Getränken, Gartenromantik, Kunst und Kultur.

Töpfermeisterin Ulrike Kunzmann und Schreiner bzw. Holzbauingenieur Ernst Kunzmann leben ihre Talente in dem alten Bauernhaus aus, das sie seit 1991 bewohnen und mühsam renoviert haben. Im ehemaligen Kuh- und Schweinestall fertigt Ulrike Kunzmann vorrangig Gebrauchsgeschirr und bemalt es von Hand. Auf und in den schlichten, schönen Tellern und Tassen werden im ganzjährig geöffneten Café nebenan Kuchen und Kaffee serviert, z. B. Rosenblütentorte oder Rosen-Secco. Im Innenraum kann man dabei schöne Gegenstände aus Holz und Keramik bewundern oder die wechselnden Bilder und Grafiken ortsansässiger Künstler.

Im Sommer kann man draußen zwischen mehreren unterschiedlichen lauschigen Sitzgruppen auswählen – und ein wenig entrückt vor sich hinträumen, während der Blick auf andere Garteneckchen, Rosen und Keramiken fällt. Im Winter lädt Ulrike Kunzmann zwischen Kachelofen und Flügel gern zu Konzerten und anderen Veranstaltungen ein. Sie selbst spielt Klavier, Kontrabass und Flöte.

LAGE: Neusles 9, 91322 Gräfenberg
www.toepferei-cafe-kunzmann.de
Haltestelle: Gräfenberg, Neusles (Bus 226)

Kreatives Malz

BRAUEREI NIKL IN PRETZFELD

Die mehrmals im Jahr stattfindenden Brauseminare in Mike Schmitts kleiner Brauerei Nikl-Bräu in Pretzfeld werden sehr gut angenommen, z. B. von Firmengruppen, bei Junggesellenabschieden oder als Geschenk an den Bräutigam. Von morgens 9 Uhr bis abends können Teilnehmer hautnah das Schroten, Maischen, Austrebern u. v. m. erfahren. Dazu erhalten sie eine Führung, ein Weißwurstfrühstück und fränkisches Schäuferla mit Kloß, Bier und Brauwasser gratis. Aus bis zu zehn Bieren kann probiert werden.

»Ich bin im Wirtshaus groß geworden«, erzählt Mike Schmitt. Schon der Großvater hatte eine Wirtschaft. Mike Schmitt lernte Brauer und Mälzer, sammelte Erfahrungen in verschiedenen Brauereien und absolvierte die Meisterschule. Wie man altes Handwerk, (Familien-)Geschichte und Moderne miteinander verbinden kann, zeigt er seit über zehn Jahren auf eindrucksvolle Weise in seinem Wirtshaus. Die »kleinste Brauerei« der Fränkischen Schweiz befindet sich klassisch mitten im Ortszentrum. Mit seiner Brauanlage produziert er ca. 2000 Liter pro Woche – wenig im Vergleich zu anderen. »Aber der Vorteil ist, dass man für eine Hochzeitsgesellschaft auch kleine Mengen von etwa 300 Litern Festbier nach Wunsch herstellen kann.« Neben seinem Hauptgeschäft mit hellem, dunklem und Fassbier – alles unfiltriert – hat er hochwertige Spezialbiere im Angebot. Ihn fasziniert, »was alles noch aus Malz und Wasser herauszuholen ist, was man sich gar nicht vorstellen kann«. In seinem Gasthaus schaute sich u. a. bereits das Team der Reisesendung *Wunderschön* vom WDR um. Für die Zukunft kann er sich pfiffige Minihotelzimmer im Bierfass vorstellen – schließlich steigt die Anzahl an Gästen in der »Fränkischen« stetig an.

LAGE: Egloffsteiner Str. 19, 91362 Pretzfeld
www.brauerei-nikl.de
Haltestellen: Pretzfeld (R22), Post (Bus 222)

Nikl-Bräu
OLD DJANGO
N.Y.C
050280:

Herzlich
Willkommen
Michelsberg

Im Land des Glücks

RESTAURANT MICHELSBERG IN HERSBRUCK

Christine de Vries ist eine Wirtin mit Herzlichkeit, die ihre Arbeit liebt. Ihr Refugium ist das Restaurant Michelsberg auf der gleichnamigen Anhöhe von Hersbruck, sozusagen der Hausberg am Nordrand des Städtchens. Von hier oben genießt man einen wunderbaren Ausblick auf die abwechslungsreiche Landschaft. In ihr verstecken sich auch mehrere Wanderwege, die am Michelsberg vorbeiführen.

Vom Parkplatz kommend sind es nur wenige Meter treppauf zum Lokal. Vor diesem befindet sich eine Art Garten, der an einen Hutanger erinnert. Ein originelles Kuriosum stellt der »Arkadische Quadratmeter« auf der linken Seite dar: Vier große aufgestellte Ecksteine markieren einen Quadratmeter, der zu »arkadischem Hoheitsgebiet« erklärt wird. Das Land Arkadien ist nicht nur der Name eines tatsächlichen Landstriches auf dem Peloponnes in Griechenland, sondern auch ein poetisches Land des Glücks. Der »Arkadische Quadratmeter« ist eine Kunst-Aktion von Peter Kees, der 2006 die »Botschaft Arkadiens« eröffnete und seither seine Quadratmeter des Glücks u. a. in Italien, Finnland und Griechenland absteckte.

Und eben in Hersbruck, das als »Slow City« auch Teil eines Netzwerks zur Entschleunigung ist. Zur Ruhe kommen lässt es sich nicht nur auf der liebevoll mit roten Stoffen gestalteten, fast mediterran wirkenden Terrasse des Michelsbergs. Bei schlechtem Wetter lädt der stilvoll gemütliche Gastraum im Inneren zum Verweilen ein. Christine de Vries konzentriert sich bei ihrem Speisenangebot auf ausgewählte Gerichte der fränkischen und bisweilen auch französischen Küche. »Wenn wir frisches Wild haben, gibt es auch einmal einen Rehbraten.«

LAGE: Hans-Sachs-Ring 21, 91217 Hersbruck
www.michelsberg-hersbruck.de
Haltestelle: Bhf. Hersbruck rechts der Pegnitz (RE 3477)

Mühle mit Genuss

KRÄUTERWANDERUNGEN DER OEDMÜHLE

Ob Brennnessel-Spätzle, Giersch-Smoothie oder Sauerampfer-Sorbet: Gabriele Leonie Bräutigam führt Interessierte in die Welt der heimischen Wildkräuter ein. Die Kräuterwanderungen mit Kochkurs der staatlich zertifizierten Kräuterführerin und Buchautorin sind regelmäßig ausgebucht. Sie vermittelt den Teilnehmern vor Ort an Bach, Wald und Wiese das Wissen zum sicheren Bestimmen und Sammeln, zu Vorratshaltung, Anbau und Grüner Hausapotheke. Anschließend wird die »Beute« gemeinsam zum mehrgängigen Wildkräuter-Menü verarbeitet und genussvoll verspeist. Bräutigam bietet auch eine Wildkräuterausbildung an. Übernachtet werden kann im Ferienhaus »Herbalistas Hütte« neben der Mühle.

Die Kräuterseminare führt sie in der historischen Gaststube und Küche der denkmalgeschützten Oedmühle von 1368 durch. Gabriele Bräutigam und ihr Mann Fabian haben sie 2000–2002 aufwendig saniert, wofür sie 2013 mit der Bayerischen Denkmalschutzmedaille ausgezeichnet wurden. Seither führen sie die Tradition fort, leben und arbeiten in der alten Wassermühle. Einen Blick in das Herzstück der weithin rot leuchtenden Mühle gewähren die Bräutigams bei ca. 45-minütigen Führungen von März bis November für Gruppen, Schulklassen und Vereine. Am Pfingstmontag, dem Deutschen Mühlentag, kann man die original erhaltene fünfgeschossige Kunstmühle von 1929 mit vier Walzenstühlen, Reinigungen, Spitz- und Schälmaschine, Trieur und Plansichter besichtigen; dazu finden ein Mühlenfest und ein Handwerkermarkt statt.

Die Oedmühle liegt an der Grenze zwischen Nürnberger Land und Oberpfalz – mit traditionellen Gastwirtschaften, Fünf-Flüsse-Radweg und 200 Kilometer langem Erzweg.

LAGE: Am Weinberg 2, 91249 Weigendorf/Oed
www.oedmuehle.net
Haltestelle: Hartmannshof (S1)

Kürbiskerne feurig-süß
Chili Kürbis

Gut gepresst

KÜRBISÖLMÜHLE SCHNELL IN KAMMERSTEIN

»Geben Sie ein paar Tropfen Kürbiskernöl aufs Vanilleeis – der nussige Geschmack passt sehr gut«, empfiehlt Petra Schnell. Sie betreibt gemeinsam mit ihrem Mann Martin Schnell Bayerns einzige Kürbiskernölmühle. Auf einstündigen Führungen für Gruppen ab zehn Personen lässt sich der aufwendige Weg des Pressens des Kürbiskerns bis zum fertigen Öl hautnah erleben. Im Hofladen nebenan kann man aus verschiedenen Ölabfüllungen und 20 verschiedenen Knabber-Kürbiskernen wählen – darf es ein schokolierter Kürbiskern sein oder einer mit Chili? Nachdem der Landwirtschaftsbetrieb der Eltern und Großeltern mit Tabak nicht mehr so gefragt war, mussten sich die Schnells etwas Neues überlegen. Nach einigen Experimenten entschieden sie sich 2004 für den steirischen Ölkürbis. Zwar nicht typisch für diese Region habe dieser aber den Vorteil, dass die Kerne im Kürbis ohne eine Hülle wachsen, erklärt Martin Schnell.

Die Gewinnung von Kürbiskernöl ist aufwendig. Nach Aussaat im April/Mai müssen die Früchte etwa 22 Wochen auf dem Feld liegen, bis sie reif sind. Für eine effektivere Bestäubung helfen Bienenvölker direkt auf dem Feld. Geerntet wird im Oktober – beim anschließenden Erntefest alle zwei Jahre mit Kunsthandwerker- und Bauernmarkt können die Köstlichkeiten probiert werden. Bereits auf dem Feld werden die Kerne vom Fruchtfleisch getrennt. Dann werden sie gemahlen, in der Pfanne geröstet und in die Presse gefüllt. Mit 185 Tonnen Druck fließt das dunkle Öl heraus. Vor der Abfüllung muss das Öl noch zwei Wochen ruhen, damit sich Schwebeteilchen absetzen können. Da die Kerne durch eine schonende Trocknung lange haltbar sind, können die Schnells das ganze Jahr über Kürbiskernöl produzieren. Mit einem fruchtigen Essig harmoniert das Kürbiskernöl sehr gut bei Blattsalaten.

LAGE: Ringstr. 4, 91126 Kammerstein-Neppersreuth
www.schnells-kuerbiskerne.de
Haltestelle: Kammerstein-Ramungusweg (Bus 607)

Wer war's?

STRASSENKRIMI NÜRNBERG

Einen Mordfall in drei Stunden lösen? Mit völlig unerfahrenen Ermittlern? Das geht bei einem Mitmach-Krimi, bei dem man den Spuren des Mörders oder der Verbrecherin durch die Innenstadt Nürnbergs folgt. »Die Idee dahinter ist, die City einmal auf andere Weise als die übliche kennenzulernen«, erklärt Franziska Zachmeier, die die Interessenten in Nürnberg durch die Fälle geleitet. Man kann zwischen vier verschiedenen Kriminalfällen wählen: Ermittlungen sind notwendig wegen eines erschlagenen Bauunternehmers, einer erstochenen Hausfrau, eines bewusstlosen Unbekannten, der mit einem Kunstraub in Zusammenhang steht, oder einer vom Balkon gestürzten Journalistin.

An der Lösung der spannenden Kriminalfälle können sich bis zu 24 Personen beteiligen, aufgeteilt in bis zu drei Teams. Vom »Polizeihauptkommissar« erhalten sie am Treffpunkt Stadtplan, Dienstausweise, Ermittlungsakten, Handys, ja sogar Handschellen, um die Täterin oder den Täter entsprechend dingfest zu machen. Die Hobbyermittler bekommen zunächst nur wenige brauchbare Hinweise. Sie müssen Beweise sammeln, Zeugen befragen, gut zuhören und mitschreiben. An der Lösung des Falls werden sie gemeinsam knobeln müssen, denn nicht jeder der Zeugen sagt die Wahrheit.

»Es passiert immer etwas«, gibt Heiko Sakel zu. Es würden beispielsweise Passanten befragt, die damit nichts zu tun haben, auch einen Polizeieinsatz hätten die Teilnehmer schon einmal ausgelöst. Sakel organisiert die Straßenkrimis seit 2006, erst in Oldenburg, später auch in Nürnberg und weiteren deutschen Städten. Vorbild war für ihn eine Frankfurter Unternehmerin, die den Trend aus Schottland mitbrachte.

LAGE: Treffpunkt nach Vereinbarung, Anmeldung für den gewünschten Kriminalfall unter www.strassenkrimi.de
Haltestelle: Je nach Treffpunkt

SPERRUNG

Fränkisches Truljö

JODELN MIT SUSIE SÜDSTADT

»Leute, die glauben, sie könnten nicht singen, enthemme ich wieder«, so Susanne Lang alias Susie Südstadt. Regelmäßig bietet sie u. a. Jodelkurse in der Kulturwerkstatt auf AEG an. Aber auch bei Jodelwanderungen oder auf Anfrage von Firmen ist ihre fröhliche Anleitung zum »textlosen Singen« gefragt. Dabei favorisiert sie die Jodeltradition der Schweiz, vor allem der Steiermark, in der es um das Singen von Vokalen geht; die bayerischen Jodellieder hält sie für weniger geeignet. Ihr jüngster Teilnehmer bisher war sieben Jahre alt, die älteste Teilnehmerin 87. Es kamen schon Menschen aus dem Allgäu zu ihr und Anfragen aus Köln.

Gesungen hat Susanne Lang seit frühster Kindheit. Radio Bayern 1 und »Rosamunde«, Volksfeste und Festumzüge prägten ihren Musikgeschmack. Sie lernte Druckvorlagenherstellerin, ein Beruf, den es so nicht mehr gibt, bildete sich zur Mediengestalterin weiter und ist nun als Grafikerin tätig. Nach einem Traum, den sie 2012 hatte, sattelte sie noch einmal um – seit dieser Zeit bietet sie Jodelkurse an und bildet sich regelmäßig weiter. Außerdem ist sie als Bildende Künstlerin, Kabarettistin und in vielfältiger Weise auf der Bühne aktiv.

Bei ihren Kursen geht es ihr weniger um ausgefallene Sangeskunst, sondern vielmehr um ein Lockern, um den Wagemut, sich auszuprobieren. Da es sich um textloses Jodeln handelt, müsse man den Klang der Vokale eher mit dem inneren Ausdruck formen. »Ich kann die Vokale fröhlich oder traurig singen, je nach Gefühlslage, und darüber meine Geschichte erzählen. Das geht mehr ins Meditative.« Diese Art zu jodeln gestaltet Susanne Lang auch mit dementen Menschen. Einmal hatte sie eine Teilnehmerin, die von ihrer sterbenden Schwester geschickt wurde. Als die Schwester verstorben war, hatte die Teilnehmerin neben der Trauer mit diesem Kurs ein sie berührendes Erlebnis.

LAGE: Fürther Str. 244d, 90429 Nürnberg
www.jodeln-in-franken.de, www. susie-suedstadt.de
Haltestelle: Je nach Treffpunkt

Schokoladenseiten

VON HAND GEFERTIGT – PRALINENPOESIE

Schokolade schöpfen, feine Pralinen herstellen, alles genüsslich verkosten – wem liefe da nicht das Wasser im Mund zusammen? Julia Stark bietet in ihrer kleinen Manufaktur Pralinenpoesie im Stadtteil St. Leonhard Kurse an, die »den Weg von der Kakaoschote über die Schokolade bis zur feinen Praline« erlebbar machen. Sie informiert über Qualitätskriterien und lässt Aromen probieren. So hat schon mal ein Junggesellinnenabschieds-Grüppchen seinen Spaß beim Eintauchen der Finger in die flüssige Schokolade. Julia Stark verwendet stets frische und beste Zutaten. Alle Pralinen fertigt sie von Hand. Geschmacksverstärker, Konservierungsmittel oder andere künstliche Zusatzstoffe kommen ihr nicht in die kleinen Köstlichkeiten. Ihr Credo lautet: »Jede Praline ist ein Gedicht.«

LAGE: Rothenburger Str. 174, 90439 Nürnberg
www.pralinenpoesie.com
Haltestellen: Sündersbühl (U3), St. Leonhard (U2)

Die machen, was Sie wollen

IMPROTHEATER 6AUFKRAUT

Ein Stichwort vom Publikum und die Schauspieler ändern die Handlung. Das führt zu grotesken Szenen, Lachen, Staunen, Kopfschütteln und wieder Lachen beim Publikum. Seit 1990 macht das die Improvisationstheatergruppe 6aufKraut mit großem Erfolg. Längst ist Improtheater, wie es kurz genannt wird, eine eigene Kunstform, die sich in Wettbewerben des Theatersports misst. Stolz sind 6aufKraut z. B. auf den Besuch einer Theatergruppe aus Calgary oder darauf, dass sie zu Gast in St. Gallen waren. Mit verschiedenen Stücken treten sie u. a. in Nürnberg und Fürth auf. »Ein irrwitziges Spektakel«, so die *Nürnberger Nachrichten* im August 2019.

LAGE: Auftritte in Nürnberg und Fürth
Infos unter www.6aufkraut.de
Haltestelle: Je nach Auftritt

Steinchen-Fantasien

MOSAIK-WORKSHOP IN CADOLZBURG

Eine große Welt voll kleiner Steinchen bietet Margaretha Maria Mayr. Sie will ihre kreativen Ideen mit Farben und Formen sichtbar machen und Menschen zu eigenen Gestaltungsideen und zur Gesundheit verhelfen. Vor vielen Jahren machte sie sich mit ihrer gesund-und-kreativ-Werkstatt selbstständig. Seither bietet sie Kurse in kleinerem Rahmen in ihrer Werkstatt zu Hause an, aber auch Workshops an Volkshochschulen, bei Projekten und Kindergeburtstagen oder in ihrer mobilen Werkstatt, bei der sie mit bunten Zutaten zu den Interessenten reist. Für eine größere Auszeit sind ihre Mosaiktage am fränkischen Hesselberg beliebt: Hier lässt sie ein ganzes Wochenende lang ihre Teilnehmer eintauchen in die wunderbare Welt des Mosaikens – und neben der fantastischen Aussicht am Bildungshaus genießt man dabei auch Vollverpflegung.

Viele höchst unterschiedliche Objekte sind bisher entstanden, die Margaretha Mayr immer wieder überraschen, darunter Spiegel, Geckos oder Schmetterlinge, Gartenstecker oder Mandalas u. v. m. Auch ein altes Möbelstück oder Deko-Objekt aus dem Keller lässt sich wieder neu gestalten. »Mosaike sind etwas sehr Vielseitiges, und es ist spannend zu sehen, was alles möglich ist.« Teilnehmer kommen sogar aus Frankfurt, Stuttgart, Berlin oder Hamburg angereist und verbinden dies mit einem Kurzurlaub in Franken. Immer wieder nehmen auch Männer teil, z. B. ein Ofenbauer, der seine Öfen künftig mit Mosaiken verziert anbieten will, ein Landschaftsgärtner, der seine Studienabschlussarbeit mit Ideen zur Bamberger Landesgartenschau als Mosaikplatte gestaltet, oder ein Mann, der seiner Frau als Geschenk eine Tischplatte mit Mosaiken gestaltet. »Bisher hat jeder etwas gefunden, was er gestalten möchte«, freut sich Margaretha Maria Mayr.

LAGE: Egersdorfer Str. 58e, 90556 Cadolzburg
www.gesundundkreativ.de
Haltestellen: Bhf. Cadolzburg (RB 58464 und 58466), Schafhofstraße (Bus 126)

Lauschgoldengel
BITTE !!!
! BÜCKEN
Maulwurf PAULI

Jeder möchte
lange
Leben,
aber keiner
will alt werden

Würziges in Erlangen

KRÄUTERENGEL UND LAUSCHGOLDENGEL

Teesorten wie »Königin Brennnessel« oder Schlafmützentee, Bratkartoffelgewürz, eine Madras-Masala-Mischung und viele andere originelle Tees und Gewürze hält Elisabeth Thurau in ihrem Laden Kräuterengel in Erlangen bereit. Dabei will sie wissen, wie der Hersteller produziert, woher die Rohstoffe stammen und ob fair bezahlt wird. »Ich möchte die Menschen dazu veranlassen, mal was Neues auszuprobieren, z. B. gute Produkte ohne künstliche Inhaltsstoffe«, begründet Elisabeth Thurau, warum sie den Laden 2016 eröffnete. Die ehemalige medizinisch-technische Laboratoriumsassistentin besuchte Phythotherapiekurse und lernte von einer Freundin, Cremes zu fertigen.

Neben Gewürzen und Kräutern bietet sie auch ein Kreativschaufenster. »Es gibt so viele Menschen, die tolle kreative Ideen, aber keinen Laden haben.« Diese Produkte wechseln regelmäßig – mal gibt es mit Holz ummantelte USB-Sticks, Taschen aus gebrauchtem Schokoladenpapier oder andere Upcycling-Produkte. Ein besonderes Erlebnis ist für Elisabeth Thurau, wenn vor allem Erwachsene ihre Handspielpuppen entdecken. »Das ist immer ein toller Moment für mich, wenn sich die Leute trotz aller Vernunft und Ernsthaftigkeit trauen, kindisch zu sein, ein wenig zu schauspielern.« Im hinteren Teil des Geschäfts bietet ihr Mann gebrauchte und neue Plattenspieler an. Gute Beratung und individueller Service sind ihm sehr wichtig, Fachsimpelei dazu ist ihm ebenfalls willkommen.

»Ich würde gern mehr Kunden dazu bringen, sich selbst Gewürzmischungen aus einzelnen Gewürzen und Kräutern herzustellen«, wünscht sich Elisabeth Thurau. Der Renner ist übrigens das Café-de-Paris-Gewürz, das in den 1930er-Jahren in einem Genfer Lokal entstand.

LAGE: Wasserturmstr. 12, 91054 Erlangen
www.kraeuterengel.com, www.lauschgoldengel.de,
www.kreativ-schau-fenster.de
Haltestelle: Bhf. Erlangen (RE 4790)

Hymnen für alle

GREGORIANIK IN BAMMERSDORF

»Wenn Menschen gregorianische Gesänge selbst singen, können sie neue Erfahrungen machen«, sagt Weking Weltzer. Der evangelische Pfarrer im Ruhestand bietet seit 1994 verschiedene Seminare an, bei denen man solche Gesänge ausüben kann. Vorrangig finden die Kurse im Kloster Heilsbronn statt, aber auch in Eggolsheim, in Kirchen in der Fränkischen Schweiz, Münchsteinach oder Heidenheim.

Pfarrer Weking Weltzer möchte damit einen Weg zu einer Gotteserfahrung ebnen, die man mit einer Predigt vielleicht nicht so erlebt. Aber auch ohne Glauben ist jeder willkommen. »Im gemeinsamen Singen und Schweigen kann erfahrbar werden, dass wir in uns Räume von Stille und Zufriedenheit haben und wissen, was für uns gut ist.« Dabei ist ihm ganz wichtig, dass die Menschen auch ohne besondere musikalische Fähigkeiten zu ihm kommen können. »Auch wenn die Grundschullehrerin zu jemandem gesagt hat, du brummst, darf er kommen«, betont er. An seinen Tages- und Wochenendkursen nehmen zwei Drittel Frauen, aber auch immer ein Drittel Männer teil. Meistens Menschen um die 50, aber auch jüngere, ältere und etliche, die im Ruhestand endlich die Zeit dafür haben. Zunächst üben alle etwa eine Stunde lang in einem Nebenraum einen Choral oder einen Psalm, dazwischen gibt es Stimmübungen. Später erproben alle die eingeübten Gesänge an verschiedenen Stellen in der Kirche und erleben den unterschiedlichen Klang. »Wir haben im Großraum Nürnberg jede Menge gotische und romanische Kirchen mit schöner Akustik, dazu möchte ich die Leute einladen.« In den letzten Jahren kämen Menschen verstärkt aus Stuttgart, Hamburg, ja sogar aus Österreich an. »Das, was ich versuche anzubieten, hat einen gewissen Seltenheitswert.«

LAGE: Zentrum für Bildung und Begegnung,
Am Brunnfeld 5, 91330 Bammersdorf
www.gregorianik-zum-mitsingen.de
Haltestelle: Je nach Kursangebot

Zauberklänge

HARFENBAUKURS AUF SCHLOSS WERNSDORF

»Die alte Zeichnung einer Harfe aus der Barockzeit gab den Anstoß für die Baukurse«, berichtet Prof. Dr. Wolfgang Spindler. Sich ein Musikinstrument zu bauen und einfach loszulegen mit dem Musizieren, das geht mit dem Zauberharfenbaukurs der Familie Spindler. Als Musikgruppe Capella Antiqua Bambergensis bringt sie seit 1984 mittelalterliche Musik auf die Bühne. Auf Schloss Wernsdorf im oberfränkischen Strullendorf hat sich die Familie einen Platz geschaffen, an dem sie lebt, zu Konzerten einlädt, Instrumente baut sowie zu alter Musik und Kunst Europas forscht. Das Domizil ruht auf baulichen Resten aus dem 8. Jahrhundert. 1993 erwirbt es die Capella und saniert es sieben Jahre lang aufwendig vom Dach bis zum Keller. Im Schlosspark befindet sich der malerische Pavillon, in dem die Manufaktur für die Harfen untergebracht ist und auch die Baukurse abgehalten werden.

Musiker und Instrumentenbauer Andreas Spindler fertigt in seinem Familienbetrieb nicht nur die Teile aus einheimischem Holz für Harfen, sondern auch für viele weitere mittelalterliche Instrumente, wie z. B. Sackpfeifen oder Schalmeien. Außerdem engagieren sich u. a. Prof. Dr. Wolfgang Spindler und Anke Spindler für krebskranke Kinder und alte Menschen mit Demenz, weil sie der Überzeugung sind, dass ihre Zauberharfe leicht zu erlernen ist und schnelle Erfolge beim Musizieren und damit viel Freude bringt.

Konstruiert ist die Zauberharfe wie eine große Harfe, nur mit einer Zargenkonstruktion aus Boden und Decke, damit man sie später auf den Tisch legen kann. Im Kurs ziehen die Teilnehmer auch die Saiten auf, schlagen Wirbel auf und lernen das Stimmen. Ein Notenblatt wird unter die Saiten geschoben, und man kann sofort anfangen zu spielen.

LAGE: Schloss Wernsdorf, 96129 Strullendorf
www.zauberharfe.de
Haltestelle: Wernsdorf (Bus 975)

Splitterkunst

GLAS-STADL IN ALTDORF

Klein und kantig oder flüssig und beweglich, so ist der Werkstoff Glas im Glas-Stadl in Oberrieden bei Altdorf. In einem ehemaligen Heustadl haben sich Elgin und Bernd Kriegisch seit 1985 ihre künstlerische Werkstatt eingerichtet. Im Garten der beschaulichen Umgebung leuchten Glasstäbe und jede Menge andere bunte Objekte aus Glas weithin aus dem Grün und zeigen, was alles machbar ist mit dem kalten Werkstoff. Das Ehepaar fertigt u. a. Türen, Fenster, Gartenobjekte oder auch Grabmale in Glasfusingtechnik. Bei diesem 2200 Jahre alten Glasverarbeitungsverfahren werden mehrfarbige Glasplatten, -stücke oder -fäden miteinander zu einem neuen Kunstwerk verschmolzen. Das passiert in einem speziellen Brennofen, in dem das Werk 17 Stunden brennen muss, bevor es fertig ist.

Die gelernte Bauzeichnerin Elgin Kriegisch hat sich das Glashandwerk autodidaktisch beigebracht und ist das künstlerische Herz der Werkstatt. Bernd Kriegisch trägt das bunte Angebot nach außen. Mit seiner mobilen Glaswerkstatt fährt er z. B. zu Kindergärten oder Firmen, um durchs gemeinsame kreative Schaffen für jeden ein eigenes Werk und daneben die Kommunikation der Menschen zu fördern. Jeder ist bei Kursen oder Seminaren im Glas-Stadl willkommen. So bietet das Ehepaar Kriegisch u. a. immer montags ab 19 Uhr Einsteigerkurse an: Nach ein wenig Theorie folgt der Rundgang durch die Ausstellung – die sorgt für entsprechende Inspiration, um dann hinterher festzustellen, wie schwierig es doch sein kann, das so leicht Aussehende selbst zu erschaffen. Doch mit der nötigen Anleitung und Geduld kann man nach etwa zweieinhalb Stunden sein Kunstwerk stolz nach Hause tragen.

LAGE: Am Anger 2, 90518 Altdorf
www.glas-stadl.de
Haltestelle: Altdorf-Oberrieden (Bus 550)

ZeroHero
NÜRNBERG
EHRLICH & UNVERPACKT
ZeroHero
NÜRNBERG
EHRLICH & UNVERPACKT
ZeroHero
NÜRNBERG

Hüllenlos und frei

UNVERPACKTLADEN NÜRNBERG

Meterlange Regale voller Behälter mit Nudeln, Reis, Getreide und Nüssen. Obst, Gemüse und Milchprodukte aus der Region. Öle und Mus, Shampoo, handgemachte Seifen, Reinigungsmittel zum Selberzapfen, eine Getreidemühle und eine Nussmahlmaschine: Mit ZeroHero haben die Inhaber Arthur Koenig und Thomas Linhardt 2017 den ersten Unverpacktladen Nürnbergs eröffnet. Ihr Motto: »Unverpackt, lose, frei«. Damit sind sie Teil des internationalen Zero Waste Movement, also einer sozialen Bewegung, die durch Müllvermeidung sowie biologische, regionale und saisonale Produkte ressourcenschonender agieren möchte.

Vor dem Einkauf wiegt man seine mitgebrachten leeren Behälter; vom gefüllten Behälter wird dann das Eigengewicht abgezogen. Falls man mal keinen Beutel oder Behälter dabeihat, kann man die wiederverwendbaren leichten Baumwollsäckchen im Laden kaufen, und es gibt einen Korb mit leeren Gläsern von Kunden für Kunden. Im Laden locken auch immer ein paar köstliche Backwaren, frisches Wasser zum Trinken und eine kleine Sitzecke fürs Verweilen.

»Alles beginnt mit der Entscheidung Einzelner, eine Veränderung herbeiführen zu wollen«, so der Leitspruch auf der Website. Thomas Linhardt gibt seinen Job in der Werbebranche auf, Arthur Koenig kommt aus dem IT-Bereich. Beide machen die Idee des Ladens durch soziale Netzwerke öffentlich. Dort erhalten sie schnell viel Zuspruch und schließlich auch die notwendige Finanzspritze. Dennoch gestaltet sich die Ladensuche zunächst schwierig. »Am Ende waren wir froh, diesen Laden hier in Gostenhof gefunden zu haben«, so Thomas Linhardt. Inzwischen hat ZeroHero 2019 auch in Erlangen einen Laden mit über 650 Produkten eröffnet.

LAGE: Obere Kanalstr. 11a, 90429 Nürnberg
www.zerohero-nuernberg.de
Haltestellen: Gostenhof (U1), Plärrer (U2)

Experimente für morgen

ZUKUNFTSMUSEUM NÜRNBERG

»Wir zeigen, was heimlich sowieso passiert«, erläutert Projektleiter Dr. Andreas Gundelwein. Jeder Besucher wird am Ende des Rundgangs eine Übersicht der Daten erhalten, die in der Zeit seines Aufenthalts anonym über ihn gesammelt wurden – ein Beispiel erlebbarer Folgen moderner Digitaltechnik.

Das einzigartige Zukunftsmuseum, in dem es um Technologien und das Leben von morgen geht, wurde im Dezember 2020 im Herzen der Altstadt eröffnet – vom Deutschen Museum München als neue Zweigstelle erbaut, vom Freistaat Bayern finanziert. Auf fünf Stockwerken und ca. 2900 Quadratmetern Fläche einschließlich zweier Mitmachlabore lassen sich fünf Themenfelder entdecken: beginnend beim persönlichen Lebensumfeld (Arbeit und Alltag, Körper und Geist) über die Lebensräume Urbanes Leben und System Erde bis zum Komplex Raum und Zeit. Mit echten Prototypen aus der Forschung kann experimentiert werden; um das Technikverständnis zu erweitern. Zu jeder Technik werden Utopien und Dystopien vorgestellt, also fiktive Zukunftsvorstellungen mit positivem und negativem Ausgang.

Ein Lieblingsexperiment von Dr. Andreas Gundelwein ist das Fallrohr für Versuche in Schwerelosigkeit: Auf einer Strecke von 23 Metern zeichnet eine Kamera den freien Fall in Slow Motion auf und zeigt, wie sich z. B. ein Wassertropfen in Schwerelosigkeit verhält. Neben dem praktischen Hintergrund geht es auch um die ethischen Seiten von Technologien. Besucher können aus Gegenständen, die sie sammeln und bewerten, die Zukunft bauen – dafür müssen sie eine negative Konsequenz in Kauf nehmen. »Ich bin sehr gespannt, ob sich die Besucher für die Natur oder die Technik entscheiden werden.«

LAGE: Augustinerhof 4, 90403 Nürnberg
www.deutsches-museum.de/nuernberg
Haltestelle: Lorenzkirche (U1)

Deutsches Museum

Das Internet

5

Die Masse macht's

FAHRRADTREFFEN IN NÜRNBERG

Unter dem Slogan »critical mass (CM)« (kritische Masse) starten Radfahrer in Nürnberg bereits seit zehn Jahren jeden letzten Freitag im Monat um 18 Uhr am Opernhaus zu einer Runde. Die in San Francisco entstandene Bewegung gibt es in vielen Städten der Welt; in Nürnberg ist sie aber mit am größten, wie Ulrike Lefherz in ihrem Artikel vom 29. April 2019 auf der Website von BR24 schreibt. Und sie wird immer größer: 2018 waren es 1500 Radler, im April 2019 bereits 2600. Eine direkte Organisation steht nicht dahinter. Die Gruppe kann bis zu zwei Kilometer lang werden, begleitet wird sie von der Polizei. Die Fahrtstrecke selbst ist ca. 25 Kilometer lang und ergibt sich durch die vorne Fahrenden.

Mit ihrer Anwesenheit zeigen die Radler, wie viele Menschen sich auf diese Weise fortbewegen wollen. In Nürnberg beklagen sie, dass es entlang der großen Straßen auf 80 Kilometern Strecke keine Radwege gibt. Zudem gebe es 500 gefährliche Stellen auf vorhandenen Fahrradstrecken. Es geht den Radfahrern auch insgesamt um eine lebenswertere Stadt für alle. Hierbei können viele Radstraßen, 30-km/h-Zonen, ein ersichtliches Radwegenetz usw. helfen.

Touristen bewundern die vielen Fahrräder, darunter auch exotische Eigenbauten. Jeder mit Fahrrad ist willkommen, denn zur Botschaft der Radfahrer gehören auch Toleranz, Offenheit und Familientauglichkeit. Die Teilnehmer fahren im »Flow« und müssen sich um nichts kümmern. Es ist ein friedliches Happening, Musik auf Lastenrädern sorgt für Partystimmung. Nach zwei Stunden legt die Radlerschlange eine Pause ein, bevor es nach insgesamt drei Stunden wieder zurück zum Opernhaus geht.

LAGE: Treffpunkt Opernhaus, Richard-Wagner-Platz 2–10,
90443 Nürnberg
www.criticalmass.de/nuernberg
Haltestelle: Hbf. Nürnberg

Gärtnern leicht gemacht

STADTGARTEN NÜRNBERG

Wollten Sie schon immer Gemüse anbauen oder ein Bäumchen ziehen, wissen aber nicht, wie? Oder kennen Sie sich bestens aus mit Tomaten, Kräutern & Co., haben aber keinen Garten? Dann sind Sie im Stadtgarten Nürnberg richtig! Egal, ob man viel Zeit hat oder wenig, ob man nur zum Gießen oder Gucken vorbeikommen möchte – jeder ist willkommen. Eine Mitgliedschaft ist nicht erforderlich.

Der Gemeinschaftsgarten an der Stadtgrenze zu Fürth ist Nürnbergs ältestes »urban gardening«-Projekt. Damit ist es Teil einer Bewegung, in der sich weltweit Menschen für mehr Natur in den Städten einsetzen und Flächen in kleine Gärten umgestalten und gemeinsam bewirtschaften. 2012 gründeten vier Mitglieder des Nürnberger Vereins »bluepingu« ein solches Gartenprojekt in Nürnberg – mit rein ökologischem Gartenbau auf ca. 1100 Quadratmetern. Dafür erhalten sie 2016 den Umweltpreis der Stadt Nürnberg. Ziel der Akteure ist der lokale Anbau von biologisch erzeugtem Obst, Gemüse und Kräutern. Außerdem mehr Sortenvielfalt und darum, alte Sorten wiederzuentdecken. Auch ein Saatgutfestival wird veranstaltet.

Der Stadtgarten ist kein Romantikidyll im Stil eines üppigen Barockgartens. Hier geht es um eine andere Art des Gärtnerns, neben dem zusätzlichen Grün in der Stadt soll Gemeinschaft erlebt werden. Zur Saison wird jeden Samstag gemeinsam aus den Früchten des Gartens gekocht, Saft hergestellt und alles verspeist. Es finden Kochkurse für Kinder und Erwachsene statt, aus Paletten werden Gartenmöbel gebaut, und beim Jungpflanzenverkauf ist nach einer Stunde alles weg. Kindergartengruppen und Schulklassen sind regelmäßig zu Gast. »Ein tolles Projekt und vielseitige Menschen«, findet ein Teilnehmer.

LAGE: Eberhardshof, 90431 Nürnberg
www.stadtgarten-nuernberg.de
Haltestelle: Eberhardshof (U1)

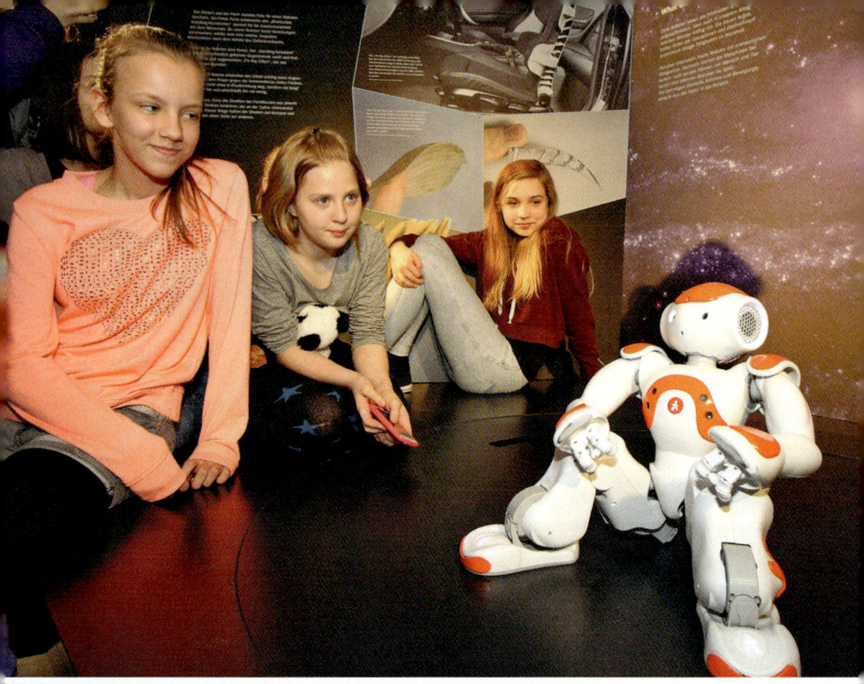

Fast reibungslos
unterwegs

Von der Kakerlake lernen

BIONICUM NÜRNBERG

Kakerlaken mag zwar kaum jemand, aber ihre Fähigkeit, ihren elastischen Panzer auf ein Viertel ihrer Körpergröße zusammendrücken zu können, um durch engste Stellen zu kommen, kann ein Beispiel für Anwendungen in der (menschlichen) Technik sein. So etwas zeigt das Bionicum im Obergeschoss des Naturkundehauses im Tiergarten Nürnberg. Die interaktive Ausstellung vermittelt mit Originalexponaten, Experimenten und Hintergrundinformationen Kindern und Erwachsenen die Zusammenhänge von Biologie und Technik. Acht Themenbereiche sind in eine außergewöhnliche Innenarchitektur eingebettet. Das Bionicum arbeitet mit Hochschulen und Forschungseinrichtungen zusammen. Gemeinsam untersuchen sie z. B. Bewegungsmechanismen aus dem Tier- und Pflanzenreich, um effizientere Technik für den Menschen zu entwickeln.

So entstand auch der Klettverschluss: Der Schweizer Erfinder Georges de Mestral untersucht unter dem Mikroskop die Kletten seines Hundes und erkennt ihre winzigen Häkchen … Auch über die Ameisen-Methode informiert das Bionicum: Die kleinen Tiere hinterlassen Duftspuren auf ihrem Weg zwischen Bau und Futterquelle. Da sie die Duftspur umso öfter erneuern, je kürzer der Weg ist, ziehen die kürzesten Wege bald die meisten Ameisen an. Dabei passt sich die schnellere Ameise der langsameren vor sich an. Diese Kenntnisse werden bereits für Computerprogramme genutzt und sind für Auto- und Flugverkehr interessant. Weiteres Highlight: Täglich um 12 und um 16 Uhr (im Winter 15.30 Uhr) gibt's Vorführungen mit dem Roboter Nao.

LAGE: Am Tiergarten 30, 90480 Nürnberg
www.bionicum.de
Haltestelle: Tiergarten (Tram 5, Bus 45)

Marktplatz der Ideen

OFFENES INNOVATIONSLABOR JOSEPHS®

»Zu uns kommen die, die Interesse an Neuem haben«, erklärt Dr. Benedikt Höckmayr, einer der beiden Geschäftsführer von JOSEPHS®. Zentral in der Innenstadt gelegen, kann im unternehmenseigenen Innovationslabor die Laufkundschaft zu normalen Öffnungszeiten Produkt- und Dienstleistungsideen schon im Anfangsstadium testen. »Wir wollen mit den Menschen darüber ins Gespräch kommen«, so Höckmayr. Dabei werden wissenschaftlich fundierte Arbeitsweisen mit praxisorientierter Anwendung kombiniert.

2014 aus einem gemeinsamen Projekt des Fraunhofer-Instituts für Integrierte Schaltungen (IIS) und der Friedrich-Alexander-Universität Erlangen-Nürnberg (FAU) entstanden, firmiert JOSEPHS® seit 2019 als GmbH und Tochter der Leistungszentrum Elektroniksysteme GmbH (LZE). Gesellschafter sind die FAU, das IIS sowie das Fraunhofer-Institut für Integrierte Systeme und Bauelementetechnologie (IISB).

Auf 400 Quadratmetern Fläche können Unternehmen, Behörden oder Start-ups den Besuchern ihre Ideen und Prototypen vorstellen. Alle drei bis vier Wochen wird gewechselt. Gegenwärtig zieht ein Holzspielzeughersteller mit neuen Spielideen Familien an, und junge Hipster können sich für Konzepte der Smartmobility begeistern oder sich an einem Demonstrator in Industrie 4.0 ausprobieren. Erkenntnisse von Gesprächen und Befragungen fließen direkt in die Weiterentwicklung der Produkte ein. So wurde eine Produktidee wieder verworfen – wie eine App mit smarten Finanzdienstleistungen, mit der die Menschen nichts anfangen konnten. Beeindruckt erinnert sich Dr. Benedikt Höckmayr an den Virtual-Reality-Simulator ICAROS, mit dem man einen Adlerflug nacherleben konnte.

LAGE: Karl-Grillenberger-Str. 3, 90402 Nürnberg
www.josephs-innovation.de
Haltestellen: Weißer Turm (U1), Plärrer (U3)

PerMEPS. Persönlicher Einkaufsberater am Supermarktregal
F E E D

ERANSTAL
UNGEN IM
OSEPHS®
JOSEPHS
CAFFÈ
JOSEPHS
Eingang

2019
Nürnberg
DIGITAL
FESTIVAL

Zwischen Bits und Hypes

NÜRNBERG DIGITAL FESTIVAL

Etwa 30 Männer und Frauen sitzen im Oval zusammen und diskutieren Ideen zur Mobilität der Zukunft. Woanders findet ein Digital-Camp für Lehrkräfte statt oder es debattieren Verantwortliche aus dem Handwerk über die Digitalisierung in ihrem Gewerbe.

Beim Nürnberg Digital Festival diskutieren zehn Tage lang Akteure der digitalen Community der Metropolregion Nürnberg miteinander. Sie wollen Themen der Digitalisierung weiter in die Gesellschaft tragen. Einst als Nürnberg Web Week gestartet, verbindet das Festival seit 2012 Menschen und Organisationen aus Wirtschaft und Technologie, Bildungs- und Kultureinrichtungen sowie Start-ups. »Nürnberg teilt sich als digitaler Wirtschafts- und Wissenschaftsstandort mit München und Bonn einen Spitzenplatz unter den 20 größten Städten in Deutschland« (Andreas Franke, Magazin Digital der *Nürnberger Nachrichten*, 2019). Etwa 17 000 Menschen nahmen 2019 teil, davon mehr als 1000 aktiv. Sie besuchten über 330 Veranstaltungen zu den Schwerpunkten Technologie und Wirtschaft, Wissenschaft und Bildung sowie Kunst und Kultur.

Auch die Veranstaltungsformate sind höchst unterschiedlich. In Workshops wie Barcamps tauschen Teilnehmer eigene Ideen aus, bei einer IT-Failosophy-Party erzählen Menschen von ihren größten digitalen Fehlern. Neben Festivalklassikern wie der Social Media Night mit neuen Trends in diesem Bereich oder dem Creative Monday, bei dem sich Akteure der Kultur- und Kreativwirtschaft austauschen, sind jedes Jahr neue Events dabei – für Jung und Alt, Digital Natives und Interessierte, Fachpublikum und Anfänger.

LAGE: Nürnberg Digital Festival, Treffpunkt je nach Veranstaltung
www.nuernberg.digital/festival
Haltestelle: Je nach Veranstaltung

Gefeierte Menschenrechte

DIE FRIEDENSTAFEL NÜRNBERG

»Man kann sich an einen fremden Tisch setzen und ist willkommen«, sagt ein Teilnehmer der Friedenstafel 2019. Hier sitzen Alt und Jung, Menschen unterschiedlichster Herkunft und Überzeugung zusammen wie beim Familienfest. Auf manchen Tischen stehen Blumen, jeder bringt mit, was er kann, und gemeinsam wird an der langen Tafel gegessen, geredet und gelacht. Eigentlich ist es eine Art Familienfest, denn die Teilnehmer sind sich einig darüber, wie wichtig es ist, Menschen zu unterstützen, die sich für andere einsetzen. Und dass dies neben der Ernsthaftigkeit des Themas auch Freude machen kann.

Seit 1999 versammeln sich die Nürnberger nach Verleihung des Nürnberger Menschenrechtspreises an der langen Friedenstafel rund um die Straße der Menschenrechte, um die jeweiligen Preisträger zu feiern (frühzeitig Tisch reservieren!). Mit dem Nürnberger Menschenrechtspreis, 1995 das erste Mal verliehen, will Nürnberg aktive Friedensarbeit leisten. Einzelne Menschen oder Gruppen sollen geehrt werden, die sich teilweise unter hohem persönlichem Risiko für das Recht auf freie Meinungsäußerung, das Recht auf sexuelle Selbstbestimmung oder auf Zugang zu Wasser in der Welt engagieren. Zum anderen soll der Preis die öffentliche weltweite Aufmerksamkeit auf diese Menschenrechtsaktivisten lenken und damit deren Schutz erhöhen. Alle zwei Jahre wird der mit 15 000 Euro dotierte Preis verliehen. Zur Jury gehören namhafte Persönlichkeiten aus aller Welt. 2019 erhielt der Chilene Rodrigo Mundaca den Preis für seinen Kampf um Wasser in seiner Heimat.

LAGE: Kartäusergasse 1, Straße der Menschenrechte beim Germanischen Nationalmuseum, 90402 Nürnberg
www.nuernberg.de
Haltestelle: Opernhaus (U3)

Tucher

KULTURBAHNHOF·OTTENSOOS
11

Kunst und Nachhaltiges

KULTURBAHNHOF OTTENSOOS

Ein Plausch im Bistro, eine Kunstausstellung, eine Textilrecycling-Gruppe, Filme, Vorträge, Lesungen mit Musik ... Die Aktionen im Kulturbahnhof Ottensoos sind vielfältig. Hier haben die Malerin und Kunsterzieherin Renate Kirchhof-Stahlmann und ihr Mann Dr. Volker Stahlmann, emeritierter Professor für Betriebswirtschaft und ökologische Ökonomie der TH Nürnberg, ein Kleinod mit Hintersinn geschaffen. Bei ihren Veranstaltungen kombinieren sie ernsthafte Themen wie eine zukunftsfähige Lebens- und Arbeitswelt, die Gefährdung der Demokratie und Freiheit durch soziale Medien oder den Gewinn durch Verzicht mit Lebensfreude durch Tangotanz oder einer Lesung inklusive Speisen aus der Zeit des fränkischen Dichters Jean Paul.

Nachdem der Schalterbetrieb des Bahnhofs 1985 eingestellt wurde, entschlossen sich die Stahlmanns, den denkmalgeschützten Bahnhof von 1859 zu kaufen. Renate Kirchhof-Stahlmann fuhr bereits als Kind bei ihrer Aussiedlung aus dem Sudetenland im Güterwaggon 1946 an Ottensoos vorbei und stammt selbst aus einer Bahndynastie. 2009 beginnen sie, das Gebäude aufwendig zu restaurieren. Sie hängen die Bilderzyklen »Genesis« und »Zeiten« von Renate Kirchhof-Stahlmann auf, das alte Ziffernblatt der Kirchturmuhr des Orts und alte Bahnhofsuhren. Volker Stahlmann kreiert ein Wandbild über den Menschen in der Industriegesellschaft. Ein Bistrobereich wird geschaffen und 2012 der Kulturbahnhof eröffnet. Er beheimatet das Kunstmuseum mit Werken von Renate Kirchhof-Stahlmann und ein Forum für nachhaltige Entwicklung. Als UNESCO-Projekt der »Bildung für nachhaltige Entwicklung« ist es mehrfach ausgezeichnet und als gemeinnützige Stiftung von der Regierung Mittelfranken anerkannt worden.

LAGE: Bahnhofstr. 11, 91242 Ottensoos
www.kulturbahnhof-ottensoos.de
Haltestelle: Ottensoos (S1)

Möbel mit Action

DIE MÖBELMACHER IN UNTERKRUMBACH

Möbel mit Kochshow, Lesung und Film? Die Möbelmacher aus Unterkrumbach bei Hersbruck sind aus besonderem Holz geschnitzt. Kern des Angebots sind grundsolide Küchen, Wohn- und Schlafzimmer sowie Möbel für Flur und Badezimmer aus Massivholz aus der direkten Umgebung. Hinzu kommen Beleuchtungsmöglichkeiten, Fußböden, Türen und Weinkeller – sie sind eben Einrichtungskomplettanbieter. Das Holz verarbeiten die Möbelmacher selbst: entrinden, in Bretter schneiden, trocknen – und vor allem das Lagern, mindestens zwei Jahre lang.

So bodenständig und traditionell der Betrieb arbeitet, so pfiffig kommuniziert er auf der Höhe der Zeit mit Kunden und Interessenten. Die Möbelmacher zeigen Filme, schreiben Newsletter, veranstalten Kochshows in ihren Ausstellungsküchen und richten einmal jährlich die Werkstatt-Tage aus: mit Musik, Vorträgen und Filmen. Da kommt auch schon mal ein Uwe Timm oder ein Denis Scheck zur Lesung – offenbar ein Resultat des Studiums der Germanistik, Soziologie und Politik des Firmengründers herwig Danzer, das er sich mit der Fertigung von Holzspielzeug finanzierte. Gemeinsam mit seinem Freund Gunther Münzenberg gründet er 1988 die heutige Firma.

Zahlreiche Auszeichnungen sind das Ergebnis, darunter diverse Preise für gutes Handwerk, den Nachhaltigkeitspreis der Stadt Nürnberg und die Ernennung Danzers zum Umweltbotschafter durch den (damaligen) Umweltminister Werner Schnappauf. In einem Nachhaltigkeitsblog lässt er teilhaben am Herstellungsprozess seiner Produkte wie Rindentuch aus Uganda aus fairem Handel.

LAGE: Unterkrumbach 39, 91241 Unterkrumbach
www.diemoebelmacher.de
Haltestelle: Unterkrumbach-Ort (Bus 338)

FTE
Lufthansa
Technik

Klar zum Einchecken

NÜRNBERGER FLUGHAFENFÜHRUNG

Der ehemalige Flugbegleiter Kurt Krieg plaudert charmant über prominente Fluggäste und warum Speisen in der Luft anders gewürzt werden müssen. Dies und noch vieles mehr erfährt man bei einer der Sonntagsführungen am Albrecht-Dürer-Airport Nürnberg. Jeden ersten und dritten Sonntag im Monat werden die etwa einstündigen Führungen angeboten. Ursprünglich nur als Gruppenführung buchbar, können seit 2016 auch Einzelpersonen und kleinere Gruppen das Treiben auf dem Vorfeld näher beobachten. Für Familien mit Kindern von etwa sechs bis zwölf Jahren gibt es kindgerechte Familienführungen. Und das Interesse ist mit bis zu 10 000 Teilnehmern pro Jahr groß.

Die Führung beinhaltet neun Stationen. Wie bei einem richtigen Flug passiert man zuerst die Sicherheitskontrolle, um danach in einem Bus direkt aufs Rollfeld chauffiert zu werden. Hier lässt sich die Werkfeuerwehr mit ihren 14 Fahrzeugen bewundern. Eindrucksvoll ist auch das Erleben von Start und Landung der Flugzeuge aus nächster Nähe – ein typisches Verkehrsflugzeug beschleunige schneller als ein leerer Formel-1-Wagen, so Kurt Krieg. Gewartet werden die Flugzeuge in der in den 1960er-Jahren erbauten Großflugzeughalle A, die mit 15 Metern Torhöhe die größte am Platz ist. Das gesamte Vorfeld erstreckt sich über 259 000 Quadratmeter, genug Platz also für 34 Flugzeug-Abstellpositionen und vier Helikopterlandeplätze. Natürlich haben die Businessjets von Firmen, Privatleuten und Promis einen eigenen Bereich, auf dem sie starten, landen und parken. Tower, die zwei großen Flugzeugwerften sowie das Terminal sind die letzten Stationen der Tour.

Übrigens: Der in der Flugzeugkabine veränderte Luftdruck lässt das Essen fader schmecken – deshalb muss es stark gewürzt werden.

LAGE: Flughafenstr. 100, 90411 Nürnberg
www.airport-nuernberg.de/fuehrung
Haltestelle: Flughafen (U2)

Den Blickwinkel verändern

SCHICHT-WECHSEL-FÜHRUNG DER STRASSENKREUZER E. V.

Wie fühlt es sich an, obdachlos zu sein? Wer hilft drogenabhängigen Menschen? Wo finden Frauen und ihre Kinder Hilfe in der Not? Die Führungen Schichtwechsel des Vereins Straßenkreuzer e. V. zeigen der interessierten Öffentlichkeit Schlafplätze und wie es ist, »Platte zu machen«, sie führen während des etwa zweistündigen Rundgangs an Orte wie die Wärmestube, zur Drogenhilfe oder zur Prostituiertenberatung und zeigen, wie haftentlassene Menschen wieder Fuß fassen können. Fünf verschiedene Führungen hat der Verein ausgearbeitet. Das Besondere der Nürnberger Führungen ist, »dass wir nicht außen stehen bleiben, sondern in die Einrichtungen hineingehen«, erläutert Ilse Weiß. Sie hat diese Touren mit entwickelt und ist Chefredakteurin des gleichnamigen Sozialmagazins.

Anfang Oktober 2019 waren alle Führungen schon bis Ende des Jahres ausgebucht, obwohl der Verein kaum dafür wirbt. Am meisten nachgefragt sind die Führungen »Sucht und Sexualität« durch den Süden sowie »Im Zentrum der Hilfe« im Stadtzentrum. Unter den vielen Teilnehmern sind u. a. angehende Polizisten und Mitarbeiter der Stadtmission. Die vier Führer und eine Führerin sind Menschen, die selbst obdachlos waren oder sind oder im Kinderheim aufwuchsen und deshalb vor besonderen Schwierigkeiten standen, drogenabhängig waren und sich da wieder herausgekämpft haben. »Das sind echte Profis«, so Ilse Weiß. Die Reaktionen der Teilnehmer geben ihnen Recht. Kindergartenkinder, Studierende oder Freiwillige im Sozialen Jahr zeigen sich beeindruckt.

LAGE: Straßenkreuzer e. V., Maxplatz 7, 90403 Nürnberg
www.strassenkreuzer.info
Haltestelle: Je nach Führung

Kulissen und Kunst

GEHEIMNISVOLLES STAATSTHEATER NÜRNBERG

»Das ist mein Lieblingsplatz, denn die Akustik ist hier am besten«, meint Wolfgang Pessler im Zuschauerraum auf dem Rang in der Mitte. Ansonsten sei die Akustik durch die von Hitler geforderten Umbauten bis heute schlechter als zur Zeit seiner Errichtung von 1905. Der Bau des Theaterarchitekten Heinrich Seeling habe mehr als vier Millionen Goldmark verschlungen – auch für damalige Verhältnisse eine enorme Summe, wie Wolfgang Pessler erklärt. Er ist Fagottist des Staatsphilharmonischen Orchesters am Staatstheater Nürnberg und einer von mehr als zehn Guides. Regelmäßig finden samstags bzw. sonntags Führungen durch die Kulissen des Opernhauses und weitere durch das Schauspielhaus statt. Sie sind auch für Familien geeignet sowie barrierefrei.

Freya, Erda, Noris, der lustige Hofnarr … die etwa 90-minütige Begehung startet draußen vor dem Opernhaus. Die Figuren am prachtvollen Portal des Opernhauses stellen Allegorien aus Opern von Richard Wagner dar. Im Glucksaal, dem damaligen Foyer, informiert Pessler über den Zorn Hitlers, als sich vom Staatstross fast niemand zur Opernaufführung zu Beginn eines NSDAP-Parteitags einfinden wollte. »Er soll getobt haben« – und strengste Anwesenheit verordnet haben.

Besonders begeistert sind die Teilnehmer schließlich von der Schneiderei, dem Kostümfundus und der Maskenbildnerei. 600 Menschen aus 35 Nationen arbeiten in 70 Berufen im Opernhaus. Bis heute gebe es keine digitale Erfassung des Kostümbestands. »Die Damen vom Fundus wissen aus dem Kopf, wo welches Kostüm ist«, berichtet Pessler den staunenden Besuchern – und immerhin handele es sich um bis zu 150 000 Kostüme. Beeindruckend sind auch die vielen Portal-, Schwerlast- und Punktlastzüge, die auf der Bühne die Kulissen bewegen.

LAGE: Richard-Wagner-Platz 2–10, 90443 Nürnberg
www.staatstheater-nuernberg.de
Haltestelle: Opernhaus (U2, U21, U3)

Achtung, Aufnahme!

BAYERISCHER RUNDFUNK – STUDIO FRANKEN

Die Franken lieben ihr Radio! Das wird nicht nur deutlich z. B. beim großen Andrang bei der BR-Radltour, sondern auch beim enormen Interesse an der Hilfsaktion von Sternstunden e. V. und der Gala des Bayerischen Rundfunks Mitte Dezember. Auch über die Tausende Menschen freut sich der BR, die jährlich an den Führungen durch die Studios und an Live-Sendungen teilnehmen.

Seit über 70 Jahren schlägt das fränkische Rundfunk-Herz in der Wallensteinstraße in Nürnberg. In der parkähnlichen Anlage strahlt der Nürnberger Sender seit 1949 vorrangig Musik aus. »Eine von Europas ältesten Sendungen« ist das *Musikalische Tafel-Confect* mit alter Musik vom Mittelalter bis zu Mozart, kombiniert mit bekömmlichen Wissenshäppchen. Später kommen Sendungen mit journalistischen Inhalten hinzu. Inzwischen gibt es jedes Jahr über 4000 Stunden Programm für alle Plattformen von Hörfunk über Fernsehen bis online.

Kostenlose Besucherführungen bieten die Möglichkeit, einen Blick hinter die Kulissen zu werfen und selbst zu erleben, wo und wie Radio- und TV-Sendungen sowie multimediale Inhalte entstehen. Dazu gehören Produktionsstätten und Redaktionen. Der Besuch im Newsroom zeigt, wie Teams von Fernsehen, Hörfunk und Online-Redaktion gemeinsam recherchieren, Fake-News aufdecken, Fotos verifizieren und Videos und Texte für verschiedene Plattformen aufbereiten. Im Fernsehstudio entstehen die *Frankenschau aktuell*, die sonntägliche *Frankenschau* oder auch die beliebten Sendungen *Kabarett aus Franken* und *Asül für alle*. Und mit etwas Glück trifft man beliebte Schlagerstars im Sendestudio der digitalen Schlagerwelle Bayern plus. In der Führung wird über die Sendungen, Programme und Aufgaben in der Region informiert.

LAGE: Wallensteinstr. 117, 90431 Nürnberg
www.br.de/franken
Haltestelle: Marconistraße (Bus 69)

Einer für alle

FABER-CASTELL IN STEIN

Wahrscheinlich hat ihn jeder schon als Kind einmal in der Hand gehabt: einen Stift von Faber-Castell. Der weltgrößte Produzent von Schreibgeräten hat seinen Firmensitz seit 1761 in Stein. Heute stellen ca. 8000 Beschäftigte an neun Standorten in der Welt etwa zwei Milliarden holzgefasster Stifte her. Wie das genau vonstattengeht, kann man bei einer zweistündigen Führung durch die Produktionsstätte in Stein erfahren. Zuerst wird die Masse aus Graphit und Ton für die Mine angerührt. Nach dem Auspressen der Minen werden diese in Behältern getrocknet und gebrannt. Für die Buntstiftminen kommen Farbpigmente hinzu. Das Holz für den Mantel wird in Brettchen geschnitten, die lange trocknen müssen. In die Rille eines Brettchens wird die Mine eingelegt, mit einem zweiten das »Sandwich« dann geschlossen. Der Stift wird nun lackiert, gestempelt und kommt wieder in den Trockenraum. In der Endfertigung wird nochmals die Qualität geprüft, der Stift angespitzt und verpackt.

LAGE: Nürnberger Str. 2, 90547 Stein
www.faber-castell.de
Haltestelle: Nürnberg-Röthenbach (U2), Nürnberg-Stein, Schloss (Bus 63)

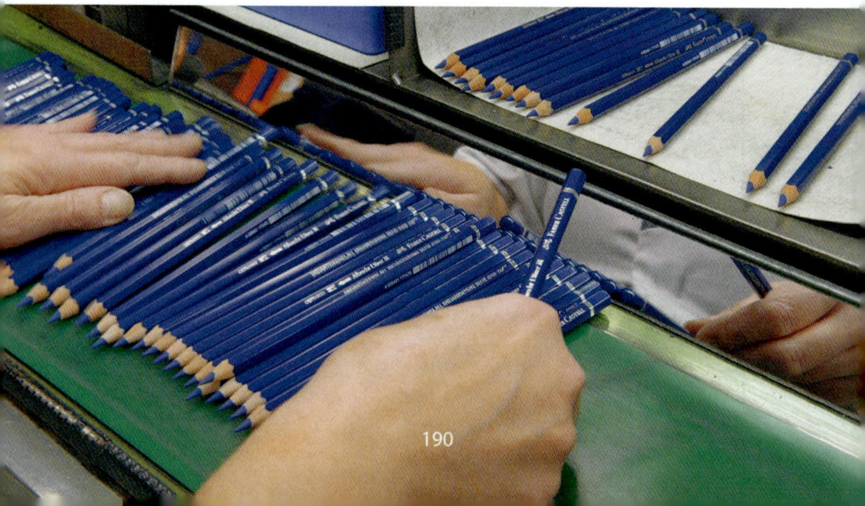

Bücherträume

ANTIQUARIAT LORANG IN BAMBERG

Planen Sie viel Zeit ein, wenn Sie Bücher lieben. Vollgepackte Regale mit Kunstbänden, Büchern zu Schriftkultur und Architektur, ein intarsienbelegter Bücherschrank mit Bänden von Rousseau, Grillparzer und Klopstock, Kinder- und Bilderbücher von vor 1960, Jüdisches, alte Chorwerke, Erotika, Koch- und Pilzbücher warten auf Kundschaft. In dem Gebäude aus dem 15. Jahrhundert mit Stuckdecken und sieben Räumen führt Kunsthistoriker Robert Lorang gemeinsam mit seiner Frau seit 1989 das Antiquariat. Strategisch günstig gelegen – gleich hinter dem berühmten Rathaus –, kommen nicht nur viele Touristen, sondern auch neugierige Philosophie- und Geschichtsstudenten oder Sammler vorbei. »Der Herr von eben kommt schon lange zu mir. Er sammelt Atlanten und reist dafür in der ganzen Welt herum«, erklärt Robert Lorang. Menschen verlassen diesen Laden verklärt, weil sie fanden, was sie seit Jahren suchten.

LAGE: Karolinenstr. 1, 96049 Bamberg
www.bamberger-antiquitaeten.de
Haltestellen: Bamberg, Schranne (Bus 901, 991),
Kapuzinerstraße (Bus 957)

Impressum

Verantwortlich: Sabine Klingan
Redaktion: Anette Späth
Layout: Eva-Maria Klaffenböck
Umschlagvorderseite und Innengestaltung: Helene Schumacher
Umschlaggestaltung gesamt: Alexander Knoll
Repro: LUDWIG:media
Kartografie: Bruckmann Kartographie, Heidi Schmalfuß
Herstellung: Bettina Schippel
Printed in Slovenia by Florjancic

★★★★★

Sind Sie mit diesem Titel zufrieden? Dann würden wir uns über Ihre Weiterempfehlung freuen. Erzählen Sie es im Freundeskreis, berichten Sie Ihrem Buchhändler, oder bewerten Sie bei Onlinekauf. Und wenn Sie Kritik, Korrekturen, Aktualisierungen haben, freuen wir uns über Ihre Nachricht an J. Berg Verlag, Postfach 40 02 09, D-80702 München oder per E-Mail an lektorat@verlagshaus.de

Unser komplettes Programm finden Sie unter

www.j-berg-verlag.de

In diesem Buch wird aus Gründen der besseren Lesbarkeit das generische Maskulinum verwendet. Weibliche und anderweitige Geschlechteridentitäten werden dabei ausdrücklich mitgemeint, soweit es für die Aussage erforderlich ist.

Empfehlung der Redaktion
Sie sind auf der Suche nach weiterführender Literatur? Dann empfehlen wir Ihnen den Titel »Die Wander-Bucket-List Bayern« von Lisa und Wilfried Bahnmüller.

Bildnachweis
Alle Bilder stammen von der Autorin, außer:
Seite 8: Dirk Messberger; 11: Tom Schrade/schrade-kunst.de; 12: Uwe Mühlhäußer; 15: Neues Museum Nürnberg, Foto: Annette Kradisch; 16: Galerie Röver; 17: Marcus Tischler; 18: Uwe Kabelitz; 21: Stückwerkstatt Nürnberg; 25: Adelina Millaku; 26: Wolf-Dietrich Weissbach; 29o.: Uwe Niklas; 29u.: Marc Pfeiffer; 33: BilderHaus; 34o.: Culinartheater; 34u.: Gemeinde Schwarzenbruck; 36: Markt Wendelstein; 37: Jüdisches Museum Franken, Foto: Annette Kradisch; 39: Matthias Schäfer; 40: Stadt Pottenstein; 41: Walter König; 46: Hannelore Zapf; 49: Stadt Ansbach; 53o.: Schwert und Bogen Nürnberg; 53u.: Max Noeth/Schwert und Bogen Nürnberg; 54: Theo Noll; 57: Sigrid Hopperdietzel; 58: Klaus Riede; 59: Erich Kreutner; 60: Wolf-Dietrich Weissbach; 62: Monica Grüner-Krampe; 64: Tourismusbüro Pottenstein; 67: Werner Messingschlager; 68: Achim Maass; 71: Wolf-Dietrich Weissbach; 72: Gerd Ottmann; 79: Thomas Ketterer; 80: Bernd Hölzel; 81: Werner Schieche; 85: Andy Betz; 86: Tobias Tschapka; 90: Honighäusla; 93, 97: Wolf-Dietrich Weissbach; 102: Papieroffizin Fürth; 105: Wolf-Dietrich Weissbach; 108: Heimatverein Schnaittach; 109: Deutsches Pinsel- und Bürstenmuseum; 111: Landratsamt Roth, Foto: Thomas Langer; 112: Mata Hari Bar Nürnberg; 116: Christoph Zielke; 117: Kleine Eismanufaktur Nürnberg; 118: Alte Küch'n; 122: Bäckerhof Nürnberg; 123: Michael Hirschmann; 127o.: Friedemann Keller; 127u.: Ernst Bayerlein; 131: Kaffeerösterei Bogatz; 135: Brauerei Alt; 136: Ernst Kunzmann; 139: Wolf-Dietrich Weissbach; 143: Gabriele Bräutigam; 144: Kürbis Schnell Kammerstein-Neppersreuth; 147: Straßenkrimi Nürnberg; 148: Wolfgang Reyscher; 150: Stefan Hippel; 151: Phillip Weissmann; 153: Margaretha Maria Mayr; 154: Alexandra Förster; 157o.: Erhard Och; 158: Tim Hufnagl; 161: Glas Stadl Altdorf; 162: Zero Hero, Foto: Simon Lausmann/simonlausmann.de; 165o.: Grafik: staab Architekten Berlin; 165u.: Zukunftsmuseum Nürnberg, Visualisierung: Atelier Brückner GmbH; 166: Ludwig Eble; 170: Bionicum Nürnberg, Foto: Mile Cindric; 173: Josephs Nürnberg; 174: Nürnberg Digital Festival, Foto: Jolanta Dworczyk; 177: Stadt Nürnberg, Foto: Michaela Braun; 178o.: Mile Cindric; 178u.: Renate und Volker Stahlmann; 182: Airport Nürnberg; 185: Frank Hützler; 186: Staatstheater Nürnberg; 189: Bayerischer Rundfunk; 190: Faber-Castell. Shutterstock.com: 30: focal point; 45, 82: MDOGAN; 89: Olga Nikanovich; 101: Viktory Panchenko; 132: Lika Mostova; 157u.: Thoom; 169o.: Dalibor Danilovic; 169u.: Peter DeBree; 191: Angelina Dimitrova. Umschlagvorderseite: Viktory Panchenko/shutterstock.com; Tom Schrade/schrade-kunst.de; Jojoo64/shutterstock.com (v.l.n.r.);
Umschlagrückseite: Annette Kradisch; Simon Lausmann/simonlausmann.de; Susanne Berg (v.l.n.r.); Klappe vorne: Susanne Weigel; Klappe hinten: Uwe Mühlhäußer

Die Deutsche Nationalbibliothek verzeichnet diese Publikation in der Deutschen Nationalbibliografie; detaillierte bibliografische Daten sind im Internet über http://dnb.d-nb.de abrufbar.

ISBN: 978-3-86246-675-7